王刚　王晓飞 ◎ 著

无法从容的人生
路遥传

WUFA
CONGRONG
DE
RENSHENG
LU YAO ZHUAN

陕西新华出版
陕西人民出版社
书延局安

图书在版编目（CIP）数据

无法从容的人生：路遥传 / 王刚，王晓飞著. -- 西安：陕西人民出版社，2024. -- ISBN 978-7-224-15504-4

I. K825.6

中国国家版本馆 CIP 数据核字第 2024YF7435 号

出 品 人：	赵小峰
总 策 划：	王亚嘉　张继全
责任编辑：	文　博　党静嫒
	马　昕　杨　柳
装帧策划：	赵文君
封面设计：	赵文君

无法从容的人生：路遥传

作　　者	王　刚　王晓飞
出版发行	陕西人民出版社
	（西安市北大街 147 号　邮编：710003）
印　　刷	陕西博文印务有限责任公司
开　　本	889 毫米 ×1194 毫米　1/32
印　　张	8
字　　数	146 千字
版　　次	2024 年 10 月第 1 版
印　　次	2024 年 10 月第 1 次印刷
书　　号	ISBN 978-7-224-15504-4
定　　价	68.00 元

如有印装质量问题，请与本社联系调换。电话：029-87205094

目录

一、清涧是故乡

出生地 / 2

永远的故乡 / 8

二、被过继的长孙

砍柴少年 / 16

过继延川 / 19

三、在困难的日子里

"半灶生" / 28

饥饿的少年 / 35

下乡的知识青年 / 40

四、恋爱的季节

初恋 / 48

成为"路遥" / 56

五、延大岁月

报考大学 / 68

生活在杨家岭 / 72

从"延河"到《延河》 / 76

六、两位导师

柳青:"文学教父" / 84

秦兆阳:"文坛伯乐" / 89

七、"人生"成名

被当作神经质的人 / 100

"我相信她一定能感动上帝" / 104

"我的生活完全乱了套" / 113

《人生》提高了路遥的知名度 / 119

八、深入生活

"酝酿一部大书" / 126

煤矿生活 / 131

"转战陕北" / 136

九、平凡的日子

县城文化圈的一件大事 / 156

婚姻"围城" / 159

"兄弟失和" / 172

十、不惑之年

45度角的世界 / 182

中年获"茅奖" / 193

十一、最后的日子

早晨从中午醒来 / 212

告别"人生" / 219

附　录

路遥生平简谱 / 232

一

清涧是故乡

出生地

1949年12月2日，路遥出生在陕西榆林清涧王家堡村一个贫困的农民家庭。王家堡村隶属于清涧县石嘴驿镇（旧时称石嘴岔驿），位于镇政府驻地东北8公里处。据史料记载，该村最初因为居住王姓，故而得名。自1208年建村，该村至今已有800多年的历史。

徐明亭老人曾是王家堡村小学的一名老师，也是路遥小学一年级时的班主任。据他回忆，王家堡村小学就设在村中的龙尾寺内，寺内当时有明嘉靖年间的修缮石碑，石碑上记载了王家堡和龙尾寺的历史沿革与地理风物。

王家堡原为王家铺，元代时属于急递铺，主要负责地方公文、信函的传递。驿站始于秦，盛于唐元。石嘴驿始设于隋末唐初，是供传递官府文书和军事情报的人或来往官员途中食宿、换马的场所。明代时，驿夫由徒步改为骑马，驿站间的距离更长，原来的一些驿站便被取消了。但是，作为明朝九边重镇之一的延绥镇的一些铺，就变更为"堡"或"驿"，其功能也相应有所变化。由此，王家铺成了王家堡。现在，王家堡村的村民依旧把村东边山上的烽火墩（烽火台）称之为墩山。据说，当时王家堡的守卫官兵、驿官和当地富裕的人家还共同出资办了私塾，让他们的子弟在此接受教育，将"耕读传家"之风一代代传承下去。

土窑洞是陕北最原始最古老的窑洞，早在诗经时代，就有"陶复陶穴，未有家室"（《诗经·大雅·绵》）的吟唱。路遥正是在新中国成立不久，出生在王家堡村一孔非常普通的土窑洞里。他出生后没多久，父亲在土窑洞前栽下一棵槐树，寓意"门前栽槐，升官发财"，图个吉祥。

如今，从王家堡村路遥纪念馆出发，沿公路往北走近50米拐进一条小山沟，再上一道长坡便是路遥出生的土窑洞了。这孔土窑洞现在虽已破败不堪，但门前那棵见证时代变迁的槐树却是生长得又高又大……

王家堡村有两条河流经过。一条叫石嘴驿河，由南向北，途经石嘴驿镇，从王家堡村前流过，蜿蜒曲折，最后注入淮宁河（走马水）。另外一条叫寺沟河，由西向东，在王家堡龙尾寺前与石嘴驿河汇合。

作为自己的出生地，路遥即使是在成名后，对王家堡的一山一水依然有着别样的感情，他后来创作的许多文学作品中，就有着家乡的影子。如为广大读者所熟知的《平凡的世界》，其中故事的主要发生地——双水村，就是以王家堡村为原型的。小说中的双水村不仅有两条河，而且这里的道路、小桥、神山、小庙、学校、窑洞、枣林等的地理位置与环境描写，几乎都能与王家堡村一一对应。路遥的三弟王天云曾在一篇访谈中也谈到此事："《平凡的世界》中的双水村就是我们村王家堡；九里山、分水岭在清涧县，下山村、石圪节街、石嘴驿、盆子沟（在小说中变成了'罐子村'），田庄镇是米家镇，清涧河在小说里叫东拉河……"[1]

而当我们将视野从眼前的村落扩展至辽阔的远古，则更有另外一份震撼。据传在旧石器时代晚期，清涧境内就有原始部落五龙氏的足迹。夏商时，清涧属于雍州西河之域。商周时期有鬼方[2]先民在此栖居。境内的李家崖古城址被考古界认定不晚于西周中期，为商代鬼方都城遗址。春秋时期，境内为白狄族住地。秦汉属肤施，东汉至西晋，境内胡汉杂居。南北朝时，先后为北魏、西魏和后周所辖。唐代时，设宽州。宋代时，清涧得名，并且伴有一段有趣的故事。

据史籍记载，清涧得名于北宋戍边名将、种家军创立者种世衡（985—1045）。相传，范仲淹到任后，针对军队编制和作战方式进行了整顿，部队作战能力得到大幅提高，并陆续收复了被西夏李元昊所占领的营寨。种世衡向范仲淹建议，延州东北200里有一座废弃的城堡，为宽州遗址，虽被遗弃，但为战略要地，若固守此地，既可援延州、接河东，还可向北图银州、夏州旧地。于是范仲淹便命种世衡带领军队在此筑城。古时修城筑寨的一个先决条件就是看当地有无水源，若无水源，就是再坚固再重要的城寨最终都无法坚守留存下去。为此，种世衡派人打井，井打到百余尺时遇到了石头。于是种世衡说，下去继续挖井者，每凿一簸箕碎石头，赏钱一百。最终，此井泉得成。筑城之后，此地得名——青涧，种世衡所打之井即被称为"种公井"。

明洪武四年（1371），青涧改为清涧，一直沿用至今。

20世纪80年代，考古专家在清涧李家崖细腰关发现李家崖文化遗址。后经考古证实，清涧无定河流域是商晚期鬼方民族活动区域之一。遗址出土的石斧、石刀、骨铲等生产工具及繁多的陶质生活用器证明，鬼方不是单纯的游牧民族，而是一支半农半牧的民族。[3] 有论者称："商朝时的鬼方和以后的猃狁、戎狄都是后世所谓的匈奴。"[4] 由此推测，匈奴大概为北狄的一支。狄人最早出现于夏代末期。《国语·周语》记载，周族始祖后稷弃之子不窋"窜于戎狄之间"。《史记·周本纪》亦载，不窋之孙公刘"在戎、狄之间"，即今陕北一带。关于狄的来历，民族学家、历史学家马长寿认为，"'狄'

之名译自狄人之自称，而不能以汉文义理加以解释"⁵。这就是说，狄名来自狄人的自号，而这种说法主要依据于中国传统的史法。

2022年，清涧县寨沟遗址的系统调查、勘探和发掘，进一步为我们揭开了陕北这片神奇的土地的又一层神秘面纱。作为近年来商代方国考古的重大突破，其出土的大量青铜器与殷墟高等级贵族墓葬物质文化相同。寨沟遗址及附近区域的考古发现显示出商代晚期陕北地区高度发达的青铜文明，也从另一方面表明陕北地区在商代就与中原地区存在着密切的经济、文化交流。⁶

"路遥个头不高，大约一米六六吧！圆脸，褐色的，眼睛很小，经常眯着，后来给眼睛上架了个宽腿眼镜。鼻孔、耳朵有毛发长出，罗圈腿，是内罗圈，所以脚下那双廉价的皮鞋老是底朝里翻着。……他的相貌是典型的匈奴人特征。一位意大利传教士，曾经到帐篷里为阿提拉大帝治病。他在书中说，阿提拉短个子，褐色的圆脸，鼻梁有些塌，眼睛很小，好像怕光一样的眯着。罗圈腿（因为骑马太多的缘故）。当他站在地面上的时候，与我们普通人没什么两样。而当他一旦跨上马背，与马结为一个战斗单位以后，他雄踞多瑙河，眯起的眼，随时准备把欧罗巴大陆鲸吞入腹，……"⁷从生理特征来看，路遥"一脸'匈奴式'胡须"，似乎是延续古代北方少数民族血脉的标志与象征。"路遥面孔黝黑,一脸络腮大胡,两耳内各有一缕长毛逸出。路遥自称'北狄后人',长相颇有匈奴遗风。他饭食简单,厌恶鱼肉……不爱逛名山大川,常去沙漠荒原。"[8] 路遥曾坦言:"我吃饭从不讲究,饮食习惯和一个农民差不多。我喜欢吃故乡农村的家常便饭,一听见吃宴会就感到是一种负担,那些山珍海味如同嚼蜡……"[9] 他生前曾经拜托陕北同乡冯东旭为他刻制两枚闲章,其中一枚闲章的内容是"北狄后人",从中透露出他对北方民族文化的深层情感认同。

如若依据《春秋》和"三传"的叙述来划分,狄的种类主要有三种,即赤狄、白狄及其他狄。这种划分的依据和他们的部落起源有关。公元前几个世纪之前,蒙古草原上的牧民已经有了"萨满巫术"的信仰,这种宗教是一种原始信仰。萨满巫人以青、赤、白、黑四种颜色象征东、南、西、北四个方位。这种原始的宗教信仰后来逐渐演化为部落牧民对于某种颜色的爱好心理,从他们的帐幕、旗帜、衣饰、马饰的颜色就可以看出。这种深层的精神文化心理支配着茫茫草原上牧民的心理达几千年之久。

春秋时期,分布在蒙古草原南部的牧民,由草原迁徙到较近的陕北高原,史称"白狄"。[10] 关于白狄生活的地理位置,《史记·匈奴列传》有着明确的记载:"晋文公攘戎翟,居于河西圁、洛之间，号曰赤翟、白翟。"而清涧就在圁水（今无定河流域）与洛水（今陕西洛河）之间，论其起源，鬼方似乎就是白狄的先祖。历史地理学家唐晓峰认为："我们如果到黄土高原，缅怀它的'摇篮'历史时，就更不要忘了古代北边那些放牲口的人们，我们不少人其实还是他们的后代呢。"[11]由此看来，路遥"北狄后人"的文化认同则具有一定人类社会学的意义。

一定的人文地理环境孕育并诞生一定的文化果实。以陕北历史文化为底蕴，路遥从童年开始就无意识地接触到驳杂、强健的陕北文化，并完成了他最初的启蒙教育，这对他后来的生活与创作的影响是不言而喻的。《平凡的世界》就是最好的呈现。独特的地域文化不仅浸润着文学作品的艺术底蕴，而且也直接塑造了作家的精神世界。对于路遥来说，他的生命写作，就是陕北地域文化的直接呈现。

永远的故乡

清涧，自古民风淳朴。清顺治本《清涧县志·地理志》载："尚气概，先勇力，厚重质直；尚俭节，勤稼穑，多畜牧，少寇盗。婚不论财，丧不事佛，民务农桑，士崇学问。"清涧历来多名士，文人辈出，仅明清两代，就涌现出翰林5人、进士 27 人、举人 182 人，如刘介[12]、白乃贞[13] 等。

美国当代文化人类学家露丝·本尼迪克特认为："每一个人，从他诞生的那时刻起，他所面临的那些风俗便塑造了他的经验和行为，到了孩子能说话的时候，他已成了他所从属的那种文化的小小造物了。待等孩子长大成人，能参与各种活动时，该社会的习惯就成了他的习惯，该社会的信仰就成了他的信仰，该社会的禁忌就成了他的禁忌。"[14] 由此我们也可以说，一个没有记忆能力的人是无法成为作家进行写作的。

清涧，地处黄土高原、黄河中游、长城边缘地带、无定河下游。从地理的角度看，无定河是陕北榆林境内输入黄河的最大一条支流。北魏时期的地理学家郦道元曾在《水经注》中记下了圁水这一壮观的规模和方位。从文化的角度而言，无定河才是榆林文化的正源，它发源于定边县白于山脉北麓，流经内蒙古巴图湾后，穿越千年长城，经过毛乌素沙漠后进入黄土高原沟壑区，沿途一路将榆溪河、芦河、大理河、淮宁河等河流纳入，流经定边、靖边、横山、榆阳、米脂、绥德等县区。在流入清涧境内即将注入黄河时，无定河在此段留下了巨大而执拗的河曲峡谷，当地人称"鱼儿峁"，也是鬼方人的故乡，集中了对无定河苍凉、厚重、悲壮的想象。

正所谓文明因河流孕育，受河流滋养，随河流流淌，与河流共存。这里是草原向农耕的过渡地带，"所谓'过渡性'

是相对于'农耕''游牧'两个便利的概念而言,任何一个在历史上、在地理上长期存在的社会形态,事实上都是非'过渡'性的"[15]。这种历史与地理特殊的结合地带,"以原生农耕文化为主体,融汇游牧文化驳杂多样性文化因素和文化特征的一种区域性亚文化"(肖云儒语),恰恰为日后走向文学创作道路的路遥提供了一种艺术转化的可能形态。

陕北是一块古老的土地。

古老的土地上曾有过古老的生活古老的歌。

陕北的编年史几乎就是用歌谣编撰的。

陕北之北,在漫漫黄土与漫漫黄沙接壤的地方,就是榆林——历史上,这里曾无数次成为"国界",成为屯兵御敌之重镇。历代多少将士曾在这里高唱大风歌,血谱塞上曲。

代代都唱塞上曲,代代歌不同。这里有过喋血的歌,苦难的歌,流浪的歌,殉情的歌;有过翻身的歌,战斗的歌,饥饿的歌,憧憬的歌……当历史走进本世纪八十年代以后,伟大而勤劳的陕北人民借改革开放的东风开始谱写一首首豪迈的塞上新曲。这是充满创造活力和希望的大音。而谱写这些生活新曲的人并不是什么名震九州的英雄豪杰,却是一些平凡岗位上的普通人。他们用双手,用智慧,用并不被多少人所了解的辛苦辛酸为新生活的宏伟大厦默默地添砖添瓦。……

这些人所做的这一切都使人过目难忘,心潮起伏。[16]

清涧处于黄河中游、无定河下游,属于沟壑纵横的黄土高原地貌,当地人把这种地形称为山、沟、峁、梁、崖、畔、砭、塌等。《平凡的世界》的扉页上有这么一句话:"谨以此书献给我生活过的土地和岁月"。这样一句看似简单的话,其中却倾注着路遥对于陕北这块古老而贫瘠的黄土地深沉而博大的复杂情感。

在漫长的二三百万年间,这片广袤的黄土地已经被水流蚀割得沟壑纵横,支离破碎,四分五裂,像老年人的一张粗糙的皱脸——每年流入黄河的泥沙就达十六亿吨!

就在这大自然无数黄色的皱褶中,世世代代生活和繁衍着千千万万的人。无论沿着哪一条"皱纹"走进去,你都能碰见村落和人烟,而且密集得叫你不可思议。那些纵横交错的细细水流,如同瓜藤一般串连着一个接一个的村庄。荒原上的河流——生命的常青藤。[17]

清涧一带地形复杂、多元,属于地无三尺平的沟壑区域;气候干旱少雨,农耕条件极差。上面这段文字不仅仅写了地理背景下的陕北,更是路遥在一种特殊文化心理背景下,对于给他带来苦难记忆的生存环境的一次"生命不能承受之重"的描述。作为农民的儿子,他像珍爱生命一样珍爱劳动。他曾说过,稿纸上的劳动和父亲在土地上的劳动本质上是一致的,而"精神上的某种危机,只能靠强度的体力劳动来获得解脱。劳动,永远是他医治精神创伤的良药"。路遥把陕北这块世界上独具特色的地域文化写进作品中,他在内心深处对农民有一种天生的认同感,但在认同的同时,还有一种生命意识的自然觉醒:

童年。不堪回首。贫穷饥饿,且又有一颗敏感自尊的心。无法统一的矛盾,一生下来就面对的现实。记得常在外面被家境好的孩子们打得鼻青脸肿撤退回家;回家后又被父母大骂一通,理由是为什么去招惹别人的打骂?三四岁你就看清了你在这个世界上的处境,并且明白,你要活下去,就别想指靠别人,一切都得靠自己。因此,当七岁上父母养活不了一路讨饭把你送给别人,你平静地接受了这个冷酷的现实。你独立地做人从这时候就开始了。[18]

清涧,作为路遥的出生地、出发地,他一生都深爱着这块土地。从乡村到大学,从窑洞到矿井……即便后来成为西北地区第一位获得"茅盾文学奖"的作家,他胸腔中那颗滚烫的赤子之心也从未远离这里,因为清涧是他永远的故乡。

注释:

1. 邰科祥:《路遥家人访谈录》,《大西北文学与文化》2021年第1期。
2. 商周时西北部的方国。
3. 唐晓峰:《鬼方:殷周时代北方的农牧混合族群》,《中国历史地理论丛》2000年第2期。
4. 范同寿:《重拾"鬼方"这个话题》,《当代贵州》2009年第4期。
5. 马长寿:《马长寿文集》,陕西师范大学出版总社2019年版,第9页。
6. 陕西省考古研究院等:《陕西清涧寨沟遗址后刘家塔商代墓葬发掘简报》,《考古与文物》2024年第2期。
7. 高建群:《一个人孤零零地在地球上行走——我认识的路遥》,《新华月报》2015年第8期。
8. 宗元:《魂断人生——路遥论》,上海文艺出版社2000年版,第38页。
9. 路遥:《早晨从中午开始》,《路遥全集 散文卷:早晨从中午开始》,北京十月文艺出版社2019年版,第409页。

10. 马长寿:《马长寿文集》,陕西师范大学出版总社2019年版,第10页。

11. 唐晓峰:《新订人文地理随笔》,生活·读书·新知三联书店2018年版,第37页。

12. 刘介（1466—1529），清涧枣坪则人。明弘治六年进士，授户部主事。著有《北都集》《南都集》等。

13. 白乃贞（1618—1683），清涧倒吊柳人。清顺治九年进士，授翰林院检讨。一生著作颇丰，对陕北方志发展有一定的贡献。

14. ［美］露丝·本尼迪克特:《文化模式》,王炜等译,生活·读书·新知三联书店1988年版,第2页。

15. 唐晓峰:《新订人文地理随笔》,生活·读书·新知三联书店2018年版,第309页。

16. 航宇:《路遥在最后的日子》,陕西师范大学出版社1993年版,"路遥绝笔手迹"第1—2页。

17. 路遥:《路遥全集 长篇小说卷:平凡的世界 第一部》,北京十月文艺出版社2019年版,第382—383页。

18. 路遥:《早晨从中午开始》,《路遥全集 散文卷:早晨从中午开始》,北京十月文艺出版社2019年版,第375—376页。

被长孙过继的

砍柴少年

有学者根据路遥三弟王天云、三弟媳李金兰的口述,再结合路遥故居陈列的史料,对路遥的家族谱系做了整理:第一代王占树为路遥曾祖父。王占树生有三子,分别为王文朝、王武朝、王再朝。第二代王再朝为路遥祖父。第三代即王再朝的三子一女,三子依次为王玉德(约1917—1987)、王玉宽(约1927—2007)、王玉成,一女为王玉梅,排行第二。[1]

路遥的生父王玉宽,在三兄弟里排行第二。王玉宽一生勤俭,为人厚道,曾担任过农村的基层干部。生母马芝兰(约1932—2011),绥德县田庄乡麻地沟村人,该村距离王家堡有50多里。马芝兰从小爱唱民歌小曲,15岁嫁给王玉宽,18岁生路遥。她一生勤俭持家,为人善良温和,先后生育过10多个孩子,长大成人的有8个(五男三女),路遥系长子。路遥的4个胞弟分别为王卫军、王天云、王天乐、王天笑，3个胞妹分别为王荷、王平、王英。大妹王荷（乳名：荷），生于1951年，大约在1973年结婚，1975年去世；另有二子、一女早夭（其中一子1952年出生，其他子女生卒年不详）。

路遥家门口有树，有寺庙，还有一大一小两条河流，咸榆公路（咸阳至榆林）从村子穿过。尽管这一切对于童年的路遥来说是一片完美的乐土，但贫困的家境与那时大部分普通家庭基本一致，自小与苦难相伴。他的家庭因人口多、劳力少，整个生活更艰难一些。儿时的路遥有过充满快乐童趣的生活，但更多的记忆则是每天都要忍受饥饿的煎熬。能吃一顿饱饭，对于当时的路遥一家人来说就是一种奢望。很多时候，时间是无法摧毁一个人的记忆的，它只会让记忆生长得更加绵长。这种儿童时代对于贫困与饥饿的最具体、最深切的体验，对他后来的人生之路与文学创作都产生了深刻的关键性的影响。

俗话说，穷人的孩子早当家。路遥从小就很懂事，因为他深知父母养育儿女的不容易。五六岁时他便开始帮助父母干一些力所能及的农活，开始了农村小孩人生的第一堂主课——劳动。他当时的劳动主要是在家帮母亲照顾年幼的妹妹弟弟、喂猪、添柴烧火。随着大妹的逐渐长大，路遥开始帮父亲拉驴驮粪，秋收的时候也能背起一小捆成熟的庄稼。

冬天的时候,路遥主要的劳动就是上山砍柴,在土窑前的院子里摞下小小的一垛柴火。路遥母亲说:"我家路遥从小就精,就是脑子练(清涧方言,即脑子聪明),从来没有让我们急过肚子。七八岁(虚岁——引者注)就会砍柴,砍的柴捆成捆捆,摆在硷畔上,摞下美美一摞,俊得人贵贱舍不得烧。"2

童年的路遥,过早地体味到了人生的辛酸与苦辣,许多正常的欢乐与应有的童趣几乎全被剥夺。童年的生活处境,使得幼小的路遥早早就饱尝了生活的苦。然而,这种贫苦的经历,没有使路遥挫折、屈服,反而促成了他顽强坚忍性格的形成和思想的早熟。他的成长,很好地诠释了一个有过饥饿史的孩子,其渴求成功的欲望要远远大于常人。这种早熟是客观环境给予他的,其结果要么是在后来绝望地接受这一切,要么是忍受着不断重来的屈辱与悲凉顽强地生存下去——随时等待着机会,等待着爆发。

从路遥整个成长历程来看,他当时的首要要求并不是多么"优越"地生活,而是简单地、有尊严地活着。活着就意味着要开始劳动,要创造财富,追求更高的价值。他借《平凡的世界》中孙少平给妹妹孙兰香的口气在信里写道:

……我感到,人的一生总应有个觉悟时期(当然也有人终生不悟)。但这个觉悟时期的早晚,对我们的一生将起决定性的作用。实际上就是说我们应该做什么人,选择什么样的人生道路。

我们出身于贫困的农民家庭——永远不要鄙薄我们的出身,它给我们带来的好处将一生受用不尽;但我们一定又要从我们出身的局限中解脱出来,从意识上彻底背叛农民的狭隘性,追求更高的生活意义。[3]

多年以后,当路遥走上文学创作道路之后,他的很多文章的主题就围绕着"苦难记忆",几乎所有作品的内容都是从他的出生地展开的。儿时的成长环境、陕北乡村的成长经验,直接决定了他后来的创作与生活。

过继延川

清涧王家堡村这一带,耕地很少,人们的生活很是贫困。1940年前后,路遥的祖父王再朝积极响应陕甘宁边区政府移民垦荒的号召,决定从绥德分区中人多地少的地方向人少地多的延安分区南迁(陕北人俗称"滚南老山")。南迁前,王再朝早已思谋好了,家里人多地少,养活几口人还可以,再过些年,随着人口的增多,恐怕是不行了。不如趁着南迁的政策,再多安插一个点,多一块地就多一条路。南迁前王再朝老汉有言在先:"烂窑不卖,薄田不退,出去如果不顺意,还会回老窝来。"[4] 就这样,在政策与形势面前,王再朝老汉效仿当时人的做法,拖家带口地踏上了南迁的路程。翻山走川,历尽辛苦,经过清涧城,沿着清涧河(又称"秀延河")往延安方向迁移,经过两天的脚程,来到了邻县延川境内距离县城10里路的城关乡郭家沟村。

郭家沟地广人稀,正是王再朝要寻找的理想之地。当时清涧属于绥德分区,延川属于延安分区。此后,王再朝在延川县郭家沟有了一席之地。经过六七年的发展,王家在郭家沟有了地、窑洞,大儿子王玉德与李桂英(约1929—2004)也在郭家沟结婚、成家。1947年,20岁出头的王玉宽在父亲王再朝和大哥王玉德的操持下,在延川举办了婚事。婚后不久,王玉宽便在父亲王再朝的带领下与三弟王玉成一起回到了清涧王家堡老家。王再朝怎么也想不到,他的这个举动,改变了子孙后来的人生轨迹;他这一改变,为中国文坛贡献了一颗不朽的星辰——路遥。

关于延川郭家沟,路遥三弟王天云有过这么一段描述:

延川等于是我们王家的另一个居所,不仅路遥在此住过多年,我们家所有人都与这里有缘。我爷爷、奶奶在这里住过,奶奶也是在这里去世的,她的坟墓,我最后迁回了清涧老陵。我爸妈在这里结婚,老二、天乐、我的两个妹妹都在这里住过一段时间,天笑还在这上过一年初中,我给他交粮,他每个周末回来取干粮。[5]

到了该上学的年龄,路遥被家人送到王家堡村小学上学。追溯路遥家族上三代人,家里没有一个正儿八经上过学的。路遥的父亲是个老农民,"一字都不识",但很希望儿子能上学、能识文断字。父母本着再穷也不能耽误孩子前程的想法把路遥送到了学校。但是上学不到一年,还是由于家境太过贫困,路遥的学业被迫中断。弟弟们相继出生,而家里的男劳力只有父亲一人,一家人的生活十分艰难。路遥回忆:"家里十来口人,没有吃的,没有穿的,只有一床被子,完全是叫化子状态。"[6]

1957年的某一天,路遥在延川的大爹(大伯)王玉德从延川回到了清涧王家堡村的老宅。王玉德年近四十,虽然有过几个孩子,但很可惜都没能活下来,希望二弟王玉宽能给他过继一个孩子,一来为二弟减轻家庭负担,二来抱养一个侄儿好老来有个依靠。对王玉宽来说,长兄如父,更何况父亲王再朝早已于4年前就过世了,于是便一口应承下了兄长王玉德的要求。至于把谁过继过去,还需要商量。过继历来是乡村维持家族谱系秩序的一种宗法。美国汉学家易劳逸曾说过，在中国，孩子受到重视并非因为他是一个注定要发挥自己独特潜力的个体，而是因为他能帮助家里干活，能传宗接代从而使家族姓氏得以延续，能照顾年老的父母并在父母故去后料理后事——如果这个孩子是男孩的话就更是如此。[7]

清涧一带把抱养外姓男儿或女儿称作"抚育"；由兄弟的儿子过继，则称作"顶门"。路遥的大爹作为长兄没有儿子，路遥作为这个家族的长孙，是家族的正宗，身上自然有着过继的义务。但陕北民间有"长子不离老院子"的习俗，所以一般选择次子过继。当时，路遥父母仅仅是因为路遥的弟弟妹妹们还都小，大妹6岁、二弟4岁、三弟2岁，家里生活困难，把路遥过继过去可以为家里省点口粮，而路遥这个年岁到大爹家也能适应生活，不用大人多费心，而路遥的祖母也和大爹一起生活，所以过继便成了路遥的宿命。这正如费孝通所说："过继的儿子，虽则不是亲生的，但是他既是自己兄弟的儿子，即使不是很早就在一起生活，也是在相近的社会环境中教育出来的，生活方式不致太远，从这方面讲，自是最可能担任儿子的人物了，至少在没有其他比较更适宜的人时是如此。"[8]

按照弗洛伊德的理论，每个人的人格在5岁的时候就基本确定。而此时，与路遥一起生活过的奶奶正住在延川郭家沟的大爹家。这一年深秋的某一天，母亲抚摸着路遥的头：

"卫儿（路遥乳名），去延川你大爹家串个门，过几天就回来。"临行前，父亲找了村里的冯先生，给他正式起名"王卫国"。几天后的一个早晨，父亲带着路遥朝延川大爹家走去。在内心深处，路遥预感到了他将要离开这个贫穷却充满温馨的家庭，离开熟悉的王家堡村和童年的玩伴，走向一个不熟悉的世界，一切要从陌生开始。

年少时步行去延川的路，成为路遥一生中最难忘的一件事，直至去世前的一个月，他仍清晰地回忆起30多年前的那一幕往事。那是一个非常遥远的早晨，路遥穿着破烂的衣服，先经过石嘴驿，再翻过九里山，然后一路要饭朝着清涧城和延川的方向走去：

我小时把罪受尽了。8岁那年，因我家穷，弟妹又多，父亲便把我领到延川的伯父家。我和我父亲走到清涧城时，正是早晨，那时我早就饿了，父亲便用一毛钱给我买了一碗油茶，我抓住碗头也没抬几口就喝光了，再抬头看我父亲，我父亲还站在我眼前。于是，我就对父亲说："爸，你咋不喝？"我父亲说："我不想喝。"其实，并不是父亲不想喝。我知道父亲的口袋里再连一分钱也掏不出来了。[9]

大概四五年后，路遥三弟王天云在父亲的带领下，也有过一次从王家堡到郭家沟的经历。不过这次他们借助的是汽车、自行车，要比路遥那次步行省时省力很多：

我小时候就来过延川一次，应该是六七岁，那时交通不便，从清涧到郭家沟至少要走两天。我和我爸爸从王家堡搭便车先到清涧县城，当时，我们村里有一个在县供销社开车的熟人，我和爸爸就是搭他的顺车，到了县上后，又在熟人处借了自行车，我爸爸把我带到贺家湾，由贺家湾再到延川县城，当时大哥在延川县中学读书，我们就在他的宿舍里挤了一晚上，其他同学给我们腾出了两个铺位，第二天再走到郭家沟。[10]

路遥知道父亲这是要把他留在郭家沟，但他假装不知道。几天后的一个早晨，父亲对他说，他要去县城赶集去，下午就回来，他知道父亲是要悄悄离开了。路遥一早起来，"趁家里人不知道，躲在村里一棵老树后，眼看着父亲踏着蒙蒙的晨雾，夹着包袱，像个小偷似的从村子里溜出去，过了大河，上了公路，走了"。本来，父亲对儿子来说是高高在上的、严厉的和不可挑战的，但在路遥的眼里，父亲像"小偷"似的把自己过继给了别人，尽管这个别人是他的亲大爹，但少年路遥对父亲的此举从此有了一种无法言说的"痛"，"尽管我那时才七八岁，但那种印象是永生难忘的"。

这时候的路遥有两种选择：一是死活跟着父亲回去，回去父亲无法供他上学；另一个选择就是留在大爹家，大爹家虽然贫穷，但至少可以供他上完村里的小学。路遥知道，如果不离开家乡，他就面临中断学业，就有可能要像父辈一样成了土地的俘虏：

谁让你读了那么些书，又知道了双水村以外还有一个大世界……如果你从小就在这个天地里日出而作，日落而息，那你现在就会和众乡亲抱同一理想：经过几年的劳动，像大哥一样娶个满意的媳妇，生个胖儿子，加上你的体魄，会成为一名相当出色的庄稼人。[11]

路遥选择留在郭家沟生活，这是他人生中的第一次主动选择，也是他无法逃脱的别无选择。就这样，路遥带着新起的名字——王卫国，从一个农民家庭来到了另一个农民家庭，开始了他在延川的过继生活。

注释：

1. 程文:《泪血和墨 兄弟情深——评路遥四弟王天乐遗作兼论路遥兄弟关系》,《名作欣赏》2021年第31期。

2. 朱合作:《在王家堡路遥家中》,《各界》2013年第6期。

3. 路遥:《路遥全集 长篇小说卷 平凡的世界 第二部》,北京十月文艺出版社2019年版,第360页。

4. 高歌:《困难的日子纪事——上大学前的路遥》,李建军编:《路遥十五年祭》,新世界出版社2007年版,第39页。

5. 邰科祥:《路遥家人访谈录》,《大西北文学与文化》2021年第1期。

6. 路遥:《东拉西扯谈创作（一）》,《路遥全集 散文卷：早晨从中午开始》,北京十月文艺出版社2019年版,第128页。

7. ［美］易劳逸:《家族、土地与祖先》,苑杰译,重庆出版社2019年版,第45页。

8. 费孝通:《乡土中国》,上海人民出版社2007年版,第572页。

9. 航宇:《路遥在最后的日子》,陕西师范大学出版社1993年版,第127页。

10. 邰科祥:《路遥家人访谈录》,《大西北文学与文化》2021年第1期。

11. 路遥:《路遥全集 长篇小说卷 平凡的世界 第二部》,北京十月文艺出版社2019年版,第99页。

在困难的日子里

"半灶生"

离开父母的路遥,被 40 岁的大爹和大妈抚育。这个新家是个四口之家,有奶奶、大爹、大妈和路遥,三个大人三个劳力。与清涧相比,延川的生活相对来说要"富裕"一些。在这里,路遥虽然没了父母的陪伴,但却能幸福地沉浸在奶奶的宠爱中成长,而且能像别的孩子一样有快乐玩耍的时间,还能在该上学时正常入学。

路遥的好友曹谷溪(1941—)曾说:"路遥七岁时父亲把他从清涧王家堡送到延川郭家沟他的伯父家中。伯父母没有生养,他们把路遥视为亲生儿子,宁愿自己不吃,也不能让路遥饿着;宁愿自己受冷,也要路遥有穿戴;不管自己要承受多大的困难,也要供路遥进城上学……"[1]

与路遥同村,且因父辈们是结拜兄弟从小就与路遥以姐弟相称的刘凤梅(1947—)回忆:

我们的小学设在马家店。这是一所坐落在河畔的用庙宇改作的学校，三孔窑洞教师办公占去一孔，四个年级的学生挤占了两孔，操场则设在河滩里。路遥比我低两级，我们分别坐在两孔窑洞内，但是上操、课间活动是在一起的，嬉笑打闹，无尽的欢乐充溢在童趣中。[2]

路遥12岁那一年，因为一件小事与大妈闹别扭，大妈骂了他几句，他赌气跑了，并扬言要回清涧老家。天黑了，仍然不见路遥回来，大妈很是着急，赶快外出寻找。在村子的不远处，大妈发现路遥独自坐在一块圆形的石盘上，手里抓着一把小石头，一颗一颗地往河里扔，嘴里还数着数。大妈问："你不是要回清涧去吗？怎么坐在这里?!"路遥噘起小嘴，半嗔半恼地说："我从来就没有那种坏毛病！"[3] 12岁路遥的这一回答，让人听来心疼。此时的他大概对自己的求学之路已经有了清晰的认知，他内心深处的生命意识一直在提醒着自己：我还是要上学！

对路遥而言，童年虽然有不堪回首的记忆，虽然有难以忍受的饥饿，但也有快乐，还有他那永不服输的性格。刘凤梅回忆："童年的路遥是淘气的和富有个性的。有一次，他与一个大他三岁的孩子打架，尽管他是两人联手，还是被打败了。他俩不服输，去找那个孩子的家长算账，却没能如愿，就双双趴在人家的门框上呜呜地哭。这是受了委屈的宣泄,也是不甘罢休的挑战。因为他们不像一般孩子那样,受了欺负,要不害怕了,从此躲着对方;要不告诉家长,让家长替自己'报仇'。永不认输,这就是童年路遥留给我的印象。"4 除了刘凤梅的回忆记述,在马家店小学阶段,路遥也只是个普通少年,基本上没有特别的逸闻趣事。

1961年,路遥在马家店小学读完了四年制的初小,以优异的成绩考入延川县城关小学读高小。路遥的同学海波(1952—)回忆:"那时农村小孩能上高小的人也很少,具体到路遥他们这一级,平均两个村子才有一个上高小的孩子。"5

当时的高小共有两个年级四个班。延川县城关小学是县上的中心小学,位于县城的堂坡上,四年级以下全是县城干部和城镇市民子弟,穿戴用具远非农村学生可比。五、六年级经过全县统考,招收城关公社范围内的部分农村学生。部分学生因为家里距离学校较远,只能住校,每天吃饭只能在学校灶上解决。而要到学校灶上吃饭,就要交小米、白面、杂面。一些家庭困难的学生,交不起米面,就在家里蒸一些菜叶加麸糠的干粮,带到学校热一下吃,这类学生被称为"半灶生"。路遥的家郭家沟距县城约10里,因此周内住校,周末回家,由此路遥也就加入了"半灶生"的行列。

1959年至1961年期间,是国家经济生活最"特殊"的三年。陕北农村土地贫瘠,普通民众的生活很是艰难。上高小时,作为"半灶生"的路遥虽然经受着饥饿的折磨,但仍然刻苦学习,发奋读书。每天他把家里蒸的菜叶加麦糠的干粮放在伙房里加热,开饭钟一响,必须尽快赶到笼前,抢先取出干粮,否则,别的学生一旦动手,他的干粮便会散成一团,只能用筷子往碗里拨拉。很多时候,为了不"污染"别人的好干粮,路遥经常就着酸菜吃凉的,饭后再在灶上盛一碗"熬锅水"。就是这样的吃食,也比家里大爹大妈的要好很多。

在那个年代,路遥与大多数人一样挣扎在饥饿的生死线上。从他后来的文学作品中,我们始终可以看到曾经与"饥饿"、死神奋力抗争的人身上那种超强的毅力。后来路遥曾谈到这段生活:"我的《在困难的日子里》,写了一九六一年的饥饿状态,这必须要你自己体验过什么叫'饥饿'?……你必须要自己有这种亲身体验,或者是在困难的时候获得珍贵东西的心情把它移植过来才能写得真切、写得和别人不一样。"[6]

当时的延川县城有一个新华书店和一个阅览室。据同学、好友海波回忆:

那时候路遥是这两个地方的常客,一有时间就来这两个地方看书、看报……在这里,路遥看到了延川之外的世界:从画报上看到了大都市、公共汽车、火车和铁路、海洋和轮船;从报纸上看到了苏联、越南、古巴、巴拿马和巴勒斯坦,知道了胡志明、卡斯特罗、阿拉法特和第一个进入太空的航天英雄加加林的名字。这一切令他振奋,他觉得自己应该向这些人学习,做一个响当当的人物。每次看完,他都忍不住向同学们说说,这不但吸引了绝大部分同学,也引起了老师和一些学生家长的注意,和在农村时一样,城里人也觉得这个孩子前途不可限量。老师开始重视他了,那些有眼光的学生家长也鼓励自己的孩子和路遥交朋友,以便"近朱者赤"。于是,路遥再度成了同学们眼中的"英雄",等到上六年级时,他已经是全校最著名的学生了,不但同学们这样看,老师也这样看。这时候,他再也不为看不上电影发愁了,想请他看电影的同学大有人在。[7]

1963年7月,路遥高小毕业。大爹把上山的劳动工具放在路遥面前,无可奈何地说:"中学就别上了,回来受苦吧!""受苦"也就是回家干农活的意思。路遥明白家中的光景,更理解大爹的心情,但生性好强的他坚持要求进一次考场,他要向大家证明自己即便上不了中学,也不是因为没有能力。结果,在全县1000多名考生录取100名左右的激烈竞争中,路遥考取了第二名的好成绩。消息传来,在郭家沟引起了不大不小的震动。此时的路遥完全被更加强烈的求学欲望鼓荡着。

这年暑假,路遥回了一次清涧老家。这是他自1957年到延川后第一次回清涧王家堡村。

初小毕业了吧,夏收前放假我才第一次回家。回王家堡,进了门妈见了我也没说啥,农村人不会表达个啥感情,我也屁股没沾炕沿就到村里找那几年没见的小朋友们去了。快吃饭的时候才回来,进门就问:妈,吃啥?妈说给我包了饺子。我挺奇怪,麦子还没收哪来的面粉包饺子?农村娃都知道这。妈说,我试着用杂面包的。说着引我到灶台边,她掀开大锅盖让我看,全是蒸气,妈吹吹蒸气,用大勺一搅才发现,哪有啥饺子,早成了一锅面菜糊糊。妈傻了眼,一下子趴到灶台上大哭起来……[8]

开学前,路遥大爹认为"穷不供书",准备给路遥定门亲事,不打算再供他上学了。当时村里像路遥这个年龄的人都已经定下婆姨了,就路遥还没有订婚。开学那天,大爹让路遥上山去砍柴。路遥一下子愣了,默默接过小镢头和绳子,到山里后扔下工具直接进城了。多年后,路遥给好友海波说起那次进城时的心情,他说:"感觉特别孤独,就像一只小羊羔独自处在茫茫雪原上那样孤独。"进城后,路遥找要好的同学帮他筹集报名费,甚至有一位同学还带他见了家长。同学的家长了解情况后很是同情路遥的处境,他告诉路遥,"上学不是一天两天的事,必须把基础打好",还建议路遥去找村里的领导,争取得到基层党组织的支持。路遥当即返回村里直接找村里的领导。当时村里的领导叫刘俊宽(1927—2003),是路遥大爹、父亲的结拜兄弟,也是路遥敬重的干大(干爹)。刘俊宽表示支持路遥的请求,很快在村里筹借了二斗黑豆。

在干大刘俊宽等人的热情帮助下,路遥背着借来的二斗黑豆到学校报到。谁知当天下午路遥又返回村里,哭着对干大刘俊宽说:"学校已经不收我了!"原来此时已超过报到日期半个月,按照规定,学校不接收了。刘俊宽曾在县上工作过几年,与延川中学校长杜永福熟悉,于是拔腿就到延川中学,找到杜校长,将路遥的情况做了介绍,并希望能给予照顾。杜校长也十分爱才,当即召开会议进行研究,破例将路遥收进学校。路遥这才走进了延川中学的大门。

后来,路遥在小说《在困难的日子里》中描写马建强"以名列前茅的成绩考入了县上唯一的一所高级中学",带着父老乡亲们的一片厚爱,背着"百家姓粮"进城上学的时候,他首先想到的是感谢"我的亲爱的父老乡亲们","我猛然间深切地懂得了:正是靠着这种伟大的友爱,生活在如此贫瘠的土地上的人们,才一代一代延绵到了现在……正是这贫困的土地和土地一样贫困的父老乡亲们,已经教给了我负重的耐力和殉难的品格,因而我又觉得自己在精神上是富有的"。[9]

饥饿的少年

在延川中学,路遥所在的班级是尖子班,班上的同学大多是县城干部与职工的子弟。在鲜明的对比中,一种强烈的自卑感与屈辱感撞击着他的心灵,而最为可怕的还是来自饥饿的压迫。学校的饭菜分为甲、乙、丙三个等级,他自然只能吃丙级饭,黑窝头、稀饭、酸菜(延川与清涧的饮食习俗大致一样,所谓的酸菜在陕北地区极为普遍,就是腌制的蔬菜,多以白菜、萝卜、胡萝卜、茄子、豆角、辣椒、芫荽和大葱等作为原料。一般在秋季腌制,一直吃到第二年春夏之际)。路遥交不起每月五六元的伙食费,五分钱的清水煮萝卜对他来说也是一种奢侈。因为贫困,他经常面临断炊的危机,饿得头昏眼花,好心的同学总是会帮衬他。有时班主任看不下去，会把自己的饭票给路遥一些。这些关心与帮助，使他倍感温暖，又使他感到孤独，这种孤独与忧郁又激发起了路遥超越对手的倔强与渴望，以此来捍卫自己的人格与尊严。后来，他在《早晨从中午开始》中回忆："中学时期一月只能吃十几斤粗粮，整个童年吃过的好饭几乎能一顿不落记起来。"[10]

我想到新华书店走走。听语文老师讲，最近出了一本叫《创业史》的书，很不错。听书名像历史书，可又听说是长篇小说。厚书我当然买不起，只想立在书店里翻一翻。

很晚了，我才回到自己的宿舍。

同学们都已经睡熟了，灯还亮着。我在地上怔怔地站了一会。这个时候，我才感到一种难言的悲哀。明天啊，我就要离开这里了，也就是说，我将要离开自己原有的生活道路，要重新开始一种新的生活了！

我也可能去邻县的中学继续上学，但怎能再折腾得起呢？我想我多半要剃个光头，春夏秋冬，把自己的全部青春和生命贡献给土地。劳动并不是一种耻辱，而是我们生活的基本要求。当个农民，对于土生土长的农家儿女来说，这样的命运是很平常的，无数的人都这样走完自己生命的历程，就像一棵平凡的树苗，从土地里长出来，最终又消失在土地里……

我打开铺盖，发现被子里夹着几本书，一看，是《青年近卫军》、《钢铁是怎样炼成的》和《把一切献给党》。[11]

上面两段文字引自路遥的中篇小说《在困难的日子里》，虽然是小说中的情节，多多少少都有虚构的成分在里面，但若是和路遥的少年时光相对照，又何尝不是他对过去生活的艺术回忆呢？主人公马建强的生活经历和感情经历又何尝不是路遥求学时代所刻骨体验过的呢？路遥说自己当时是"含着泪水写完了这个过去的故事"[12]的。阅读着这些文字，我们可以深切地感受到少年路遥一边是怎样地忍受着极端饥饿的煎熬，另一边又是对书籍、对外面的世界有着怎样的疯狂渴望。正如路遥在《答中央广播电视大学问》中所说：

我自己写的几个作品，都是我自己精神上的长期的体验的结果，作品中的故事甚至在我动笔写前都还不完整，它是可以虚构的。但是你的感情、体验绝不可能虚构。它必须是你亲身体验、感觉过的，写起来才能真切，才能使你虚构的故事变成真实的故事。如果没有心理、感情上的真切体验，如果你和你所描写的对象很"隔"，那么真实的故事也写成了假的。所以我对深入生活的理解：第一点要广阔，第二点要体验，不仅仅是外在形态的体验，而更注重心理、情绪、感情上的体验。既要了解外部生活，又要把它和自己的感情、情绪的体验结合起来。[13]

延川城关小学和延川中学毕业的知名文学人物，当数路遥与海波。路遥比海波高 个年级，两人的性格差异很大，但关系却很好。在好友海波的记忆里，路遥在延川中学时期的学习生活是这样的：

在城关小学时，路遥是全校出名的调皮学生。主要表现在两个方面，一是爱给同学起绰号，二是喜欢编顺口溜调侃人。编出的顺口溜事出有由来，夸张无止境，能笑得人肚子疼。这可能是他最早的"创作"尝试。

到延川中学后，这种自发的创作冲动得到了鼓励。路遥的作文常常得到语文老师的表扬。有一次，他写了一篇作文，题为"从五星红旗想到的"，学校领导在全校学生面前朗读了一遍，从此他文名大振，成了全校的"明星"。还有一次，他根据小说《红岩》创作并编排了一幕话剧，利用活动时间在教室前演出，引来全校学生观看。[14]

整个初中三年，是路遥人生中最困难最难熬的一段经历。面对贫穷、饥饿、歧视、冷遇，路遥内心深处虽郁积有万般酸涩万般不甘，但他并没有因此消沉，反而以永不服输的性格选择了抗争与奋起。当然，初中三年间的他也曾收获过"温暖和宝贵的友谊"，以至于多年之后回忆起来时仍然满怀感动。路遥不仅在精神上维护着自己的尊严和价值，还以实际行动证明着自己作为人的本质力量。初中三年，路遥一直是好学上进的好学生，同时对文学和政治还表现出强烈的兴趣。

延川县城唯一的图书馆成了路遥经常光顾的地方，他在那里不仅阅读了《三国演义》《水浒传》等古典名著，更饱读了《钢铁是怎样炼成的》《青年近卫军》《铁流》等大量苏联翻译小说。正如心理学家弗洛伊德所说："当类似饥饿的本能未获满足时会出现什么。此时，饥饿也变得具有强制性，除了得到满足，什么都是无用的，它进入了需要的持续紧张状态。然而，就压抑的实质而言，它绝不是轻而易举就排遣得了的。"[15] 路遥后来在《早晨从中午开始》中记述了当时读书的情景：

对于作家来说，读书如同蚕吃桑叶，是一种自身的需要。蚕活到老吃到老，直至能口吐丝线织出茧来；作家也要活到老学到老，以使自己也能将吃下的桑叶变成茧。

…………

书读得越多，你就越感到眼前是数不清的崇山峻岭。在这些人类已建立起的宏伟精神大厦面前，你只能"侧身西望长咨嗟！"[16]

下乡的知识青年

1966年，路遥初中毕业，参加中专考试，被陕西石油化工学校录取。这意味着一上大中专院校，自己将由农村户口变为城镇居民，毕业后就可以走上工作岗位，将会得到一个稳定的"铁饭碗"。但在此时，"文化大革命"开始了，大专院校随之停止招生，已经考取的学生也只能返回原来的学校参加运动。政治上的巨大变化，让已毕业本可以上化工学校的路遥又返回到了延川中学。17岁的路遥被时代潮流所裹挟，他浮沉，他冲突……1968年12月，《人民日报》刊发毛泽东"知识青年到农村去，接受贫下中农的再教育"的号召。知识青年上山下乡运动开始——家在城里的插队，家在农村的返乡。延川县革命委员会在县城井滩广场隆重举行"延川县知识青年上山下乡欢送会"，欢送"老三届"学生到农村接受贫下中农再教育。路遥作为县革命委员会副主任带头返乡。

路遥作为返乡知识青年被安排回到原生产队，随后与其他返乡青年学生一同被安排在农田基建队中，打坝修水利，从事强度极大的打坝劳动。打坝最重最累的活就是挖土，陕北的冬天，地冻得像铁壳一样，镢头下去往往只能挖个白印，挖不了几下，虎口几乎要震得流血。关于返乡这一时期的资料很少，他人的相关文字就显得非常珍贵，同村干姐刘凤梅回忆道：

路遥每天都坚持在半崖上挖土，挥舞着数斤重的镢头，那样地卖力，尽管北风呼啸，寒气逼人，可他的脸上始终淌着汗珠。《人生》问世后，当看到高加林那样拼命地挖地的描写，我不由得想起路遥站在半崖上挖土的形象来，当然，高加林是带着情绪拼命的，路遥则不，他是把自己完全地投入到劳动人民之中的。地头休息时，我们便坐在一起海阔天空地漫谈。干活时，路遥几乎不说一句话，可在这个时候他却显得十分活跃，他常常成为谈话的主角，他谈论国际新闻时事，谈论西方国家在野党与执政党之间的斗争……他那博渊的知识，使我这个比他高两级的学生不得不自愧弗如。收工后，我们又相随回家，一路走一路谈。他的家就在我上工的半路上，他有时邀我去他家坐，我也毫不客气，坐在他家的土炕上,嗑着干妈为我们端来的南瓜子,我们继续谈天论地,有时他也拿一些书给我看,这一年冬天,我从他那里学到了许多东西。[17]

路遥回到郭家沟以后,成了一名农民。郭家沟的父老乡亲没有鄙视和冷落这位失意的青年,而是用温暖的手接纳了心灵受过创伤的路遥,正是这些经历与情绪,成了小说《人生》重要的来源与基石,也正如他在《人生》中所写:

德顺爷爷用缀补丁的袖口揩了一下脸上的汗水,说:"听说你今上午要回来,我就专门在这里等你,想给你说几句话。你的心可千万不能倒了!你也再不要看不起咱这山乡圪崂了。"他用枯瘦的手指头把四周围的大地山川指了一圈,说:"就是这山,这水,这土地,一代一代养活了我们。没有这土地,世界上就什么也不会有!是的,不会有!只要咱们爱劳动,一切都还会好起来的。再说,而今党的政策也对头了,现在生活一天天往好变。咱农村往后的前程大着哩,屈不了你的才!娃娃,你不要灰心!一个男子汉,不怕跌跤,就怕跌倒了不往起爬,那就变成个死狗了……"[18]

然而,人生命运的转机可能又会在一刹那间出现。果然,幸运再次降临于路遥。路遥的大学同学高歌回忆：王玉德老人人品好，"拜识"多，十几个"拜识"都是卫儿的干大。几个干大干哥一合计，王玉德就这一个小子，要照护哩，怎么个照护，让教书。果不其然，王卫国没耕几天地，就当上几个大队联办的马家店小学的民办教师。养父王玉德的"拜识"们顶着压力，不怕承担政治风险，决定让路遥到马家店小学担任民办教师。[19]

暑期，延川县集中全体教师开会，组织者要求每个公社出一期墙报。路遥的诗《我老汉走着就想跑》发表在学校的墙报上。这首诗并没有打动别人的心，却打动了路遥自己的心。之后，他主动拜访了诗人曹谷溪。与曹谷溪相识后，《我老汉走着就想跑》经曹谷溪抄写在延川县张家河公社新胜古大队村口的黑板报上。路遥与曹谷溪的结识，对他的人生产生了很大的影响。

我和谷溪初期相识在"文化大革命"这幕戏剧的尾声部分。而在这幕戏剧中我们扮演的角色原来是两个相互敌视的"营垒"，漫长而无谓的斗争，耗尽了所有人的热情，带来的是精神上的死一般寂寥。"文化大革命"作为没有胜利者的战争结束了，但可悲的是，失败者之间的对立情绪仍然十分强烈，意外的是，我和谷溪却在这个时候成了朋友。把我们联系起来的是文学(这个久违了的字眼)……共同的爱好使我们抛弃了派别的偏见,一起热心地投入到一个清风习习的新天地里,忘却了那场多年做不完的噩梦。[20]

注释:

1. 曹谷溪:《关于路遥的谈话》,李建军编:《路遥十五年祭》,新世界出版社2007年版,第9页。

2. 刘凤梅:《铭刻在岁月中的思念》,申晓主编:《守望路遥》,太白文艺出版社2007年版,第180页。

3. 贺智利:《黄土地的儿子——路遥论》,中国文联出版社2005年版,第7页。

4. 刘凤梅:《铭刻在岁月中的思念》,申晓主编:《守望路遥》,太白文艺出版社2007年版,第180页。

5. 海波:《人生路遥》,广东人民出版社2019年版,第14页。

6. 路遥:《东拉西扯谈创作(一)》,《路遥全集 散文卷:早晨从中午开始》,北京十月文艺出版社2019年版,第120页。

7. 海波:《人生路遥》,广东人民出版社2019年版,第16—17页。

8. 转引自潘欣欣:《忆路遥》,《语文世界》1996年第11期。

9. 路遥:《在困难的日子里》,《路遥全集·中短篇小说卷:在困难的日子里》,北京十月文艺出版社2019年版,第241页。

10. 路遥:《早晨从中午开始》,《路遥全集 散文卷:早晨从中午开始》,北京十月文艺出版社2019年版,第376页。

11. 路遥:《在困难的日子里》,《路遥全集 中短篇小说卷:在困难的日子里》,北京十月文艺出版社2019年版,第265、294—295页。

12. 路遥:《这束淡弱的折光——〈关于在困难的日子里〉》,《路遥全集 散文卷:早晨从中午开始》,北京十月文艺出版社2019年版,第106页。

13. 路遥:《答中央广播电视大学问》,《路遥全集 散文卷:早晨从中午开始》,北京十月文艺出版社2019年版,第204页。

14. 海波:《人生路遥》,广东人民出版社2019年版,第29页。

15. [奥]弗洛伊德:《爱情心理学》,车文博主编:《弗洛伊德文集·5》,九州出版社2014年版,第218页。

16. 路遥:《早晨从中午开始》,《路遥全集 散文卷:早晨从中午开始》,北京十月文艺出版社2019年版,第356页。

17. 刘凤梅:《铭刻在黄土地上的哀思》,李建军编:《路遥十五年祭》,新世界出版社2007年版,第185—186页。

18. 路遥:《路遥全集 长篇小说卷:人生》,北京十月文艺出版社2019年版,第194—195页。

19. 高歌:《困难的日子纪事——上大学前的路遥》,李建军编:《路遥十五年祭》,新世界出版社2007年版,第44页。

20. 路遥:《土地的寻觅》,《路遥全集 散文卷:早晨从中午开始》,北京十月文艺出版社2019年版,第319页。

恋爱的季节

四

初恋

1970年3月，路遥结束了一年多的民办教师的工作，接着参加了延川县革命委员会农村通讯组的培训，之后就被借调到县革命委员会"贫下中农毛泽东思想宣传队"进驻延川县百货公司抓路线教育工作。与路遥一同进驻百货公司的还有一位叫林红的北京女知青。林红当时是延川县关庄公社前楼河村的插队知青，写得一手好字，能歌善舞，讲一口标准的普通话，脸上总是洋溢着青春的阳光，显得特别活泼，自然引人注目。

路遥与林红一见钟情，彼此爱慕，之后很快就发展成恋爱关系。有一段时间，林红返回插队的前楼河村办事，他俩就经常鸿雁传书。一个多月，林红给路遥写了8封长信，平均4天一封，那些缠缠绵绵的情书给了路遥爱情的滋养。与林红一同插队的邢仪回忆："我们村一起插队的同学兰（指林红——引者注）被抽调到县宣传队工作了一段时间，她重新回到生产队后隔三岔五就会接到一封厚厚的来信,她趴在北京带来的大木箱上羞涩地看信,然后幸福地写回信。她突然变得那么地爱笑,一点小事她都觉得好笑,她的笑声像串串银铃飞出窑洞。我们听说那位男青年叫王卫国(就是路遥),是当时的县革委副主任。"[1]

那时,路遥铁了心,一生只爱这个"林妹妹"。林红也在某些方面"改造"了路遥,甚至影响了路遥的一生:喜欢在下雪天沿着河岸散步,据说这是他们相识时的情境;喜欢唱《三套车》和《拖拉机手之歌》,据说这是他们相恋时唱过的歌曲;喜欢穿大红衣服,据说这是那女子的专爱;路遥的一个笔名叫"缨依红",据说其中就暗含那位女子的名字;等等。[2]

路遥和林红大概都很喜欢下雪天,路遥在回忆初恋的情景时,常常提到"红色"与"雪":"我永远记着那个遥远的大雪纷飞的夜晚,我有生第一次用颤抖的手握住我初恋时女朋友的手。那美好的感受至今如初。我曾和我的女友穿着厚厚的冬装在雨雪弥漫的山野手拉着手不停地走啊走,并仰起头让雨点雪花落入我们嘴中,沁入我们的肺腑。"[3]

有一年,路遥给作家高建群(1954—)讲起了他的初恋故事:"一个多雪的冬天,文艺宣传队排练完节目后,他陪林红踏雪回她的小屋。'踏着吱吱呀呀的积雪,我的手不经意地碰了一下她的手，我有些胆怯，怕她责怪我，谁知，她反而用手，紧紧地抓住了我的手。'"路遥还告诉高建群，作品《惊心动魄的一幕》获奖后，他在北京参加首届全国优秀中篇小说颁奖活动，"刚刚回到下榻的房间，突然接到一个陌生女人的电话。'你是谁？'这时，命运的声音从电话线那头传过来：'你真的不记得我了吗？一个熟悉的老朋友！'说话的人穿着一件红风衣，在马路对面的电话亭等他，他扔下电话，疯了一样跑下楼，横穿马路而过。'我奇怪汽车为什么没有轧着我！'路遥说。在他们短暂的接触中，这位女士说，她曾经来过西安，曾经围绕着那座住宅盘桓了很久，但是没有勇气去问问他住在几号，也没有勇气去叩响那个门扉"。高建群对路遥讲述初恋这件事印象非常深刻："他怀着一种可怕的令人肃然起敬的恋情，恋着她。"[4] 由此可见，路遥没有忘记初恋对象，初恋的人儿也没忘记当年的路遥。

借调快结束时，曹谷溪说服当时延川县的政工组组长与城关公社的领导，以培训"农村通讯员"的形式，又将路遥调入县革命委员会通讯组培训了一年时间。曹谷溪曾被路遥的手下"关押"过，但他并不记恨路遥，相反还在创作、生活和情感上给予路遥很多帮助与关照。

1970年夏秋之际，延安地区开始在插队落户知青中招工。关于路遥与林红报名参加招工的事情，目前没有书信、日记可资凭证，他人的证言也是片断式的，我们只能通过目前的几个版本加以推测：一、1970年招工，在众多县局级领导干部的插队子女竞相跳农门的当口，居然"戴帽"下达指标让返乡青年路遥去铜川"二号信箱"当工人。更令人不可思议的是，这个名额竟按照路遥本人的意愿，转让给了与他热恋的北京女知青……[5] 二、根据招工条件，林红体检不合格。那时，县上决定把路遥送去当工人，指标有限，两人只能走一个。路遥把自己当工人的指标让给林红，又通过几个铁杆朋友周旋，事情成功了。[6] 三、"东风厂"在延川县招30余名青工，计划15个乡镇各挑选一人，剩余的指标在县城里选拔。林红的父母通过驻厂军代表的关系，为林红要了一个城里的"戴帽"招工指标。在办理手续的过程中，作为男友的路遥做了一些周旋、协调的事情。[7] 我们从流传的版本一可以看出，县上给了路遥一个"戴帽"指标，而路遥把这个指标给了林红；版本二则强调了"林红体检不合格"，路遥把属于自己的指标给了林红并通过朋友周旋让其招工成功；版本三则是林红的父母通过关系要到了一个"戴帽"指标，路遥作为男朋友做了一些协调的事情。

据说，正式招工通知下来，是铜川市的"二号信箱"（陕西省东风机械厂，简称"东风厂"），是一家军工企业。林红按捺不住兴奋，把自己招工的事情告诉了路遥。路遥一连说了几个"好"："招上了，这次工作地点好，工种好。"

林红去铜川前，路遥回郭家沟向大妈要了几斤棉花，背到城里后，用每月18元的生活补贴，扯了布，缝了一套崭新的提花被褥，送给林红。

林红把当上工人后第一个月的工资全部寄给了路遥，让他买烟抽。由于林红能讲一口标准的普通话，入厂不久就被厂政治部选为播音员。第二个月，林红又给路遥寄去一条"宝城"牌纸烟。在这段日子里，路遥与林红一直保持着书信往来，而且路遥还去铜川"二号信箱"看望过林红。

关于路遥与林红分手，目前同样也有几个版本：一、不知什么原因，林红给路遥的信慢慢变少了，由一个月一封信减少到三个月一封信，再后来一封信也没有了。一天，路遥收到一封来自内蒙古的要与路遥断交的信。林红当了工人后对路遥的爱"举棋不定"，便写信给内蒙古插队的女友征求意见，那位女友未经林红同意，便代写了断交信寄给路遥。分手之后，林红便与一位支工的解放军开始了恋情。[8] 二、邢仪回忆：兰（指林红）在队里待的时间最短，一年后她就被招工走了。听说兰离开延川后很快和路遥断了恋爱关系，原因是遭到了兰家长的强烈反对，他们的恋爱夭折了。[9] 三、1971年初，形势进入整肃造反派、打击造反派的阶段，路遥被停职审查，要他交代"文革"中的一些问题。路遥受审查的消息在社会上越传越凶，有的还说因牵涉打死人的问题将被逮捕。这个消息同样也传到了林红的耳朵里。在那个特殊年代，作为路遥的恋人，如果受到牵连，要么葬送政治前途，要么丢失好不容易到手的工作。在这种情况下，林红害怕被牵连进去，顶着巨大的压力，最后主动选择与路遥分手，而且还退回了那套视为定亲之物的"提花被褥"。[10] 四、1987年，路遥在榆林写作《平凡的世界》第三部时，在一次聚会上有个朋友和他开玩笑说："你这么丑，怎能问下个北京婆姨（指林达）？"路遥说："我原来谈的对象不是现在这个。那一个也是北京知青（指林红）。谈了一阵以后，由于在'文化大革命'中我是造反派头头，县革委会的副主任，人家要逮捕我。我那个对象的一个同学给我写了信说，你现在的处境不好，不要把她牵连了。我就给她的同学写信说，那就解除恋爱关系吧。"[11]

由此可以推测，林红极有可能是在家长的强烈反对下，经内蒙古插队同学的一封书信，切断了两人的恋爱关系。对于林红的父母而言，他们之所以这样做完全是出于保护女儿的考虑。也恰恰就是在这样一个背景下，县革委会军事管制小组军代表找到躺在病床上的路遥，对他宣布了一个文件：经县革委会核心领导小组研究决定，停止路遥的县革委会副主任职务，进行隔离审查。

这一时期，路遥的精神状态极差，也是他一生中最"困难"的日子：

那段时间，延川县的气氛很是紧张，每隔三五天就有人被拘留或者逮捕，被怀疑的对象都惶惶不可终日，路遥也不例外。这件事最终在三十二名在场者的证明下水落石出，路遥得以解脱。他刚刚松一口气，就接到了那名女知青的绝交信，这事对他的打击更大，震动更大。如果说第一件事让他感觉到人生有数、奋斗徒劳的话，那么这件事则逼他继续奋斗——不仅是为了前途，更重要的是为了尊严。[12]

"官"丢了，路遥第一次"从政"生涯随之结束，初恋也以分手告终。这对有政治热情且饱受感情之苦的路遥来说无疑是雪上加霜。路遥为此哭得肝胆俱裂，浑身长出许多疮。与林红一起插队的邢仪回忆："我们队几个女生想象着路遥该是多么的难过和痛苦，于是就无端地牵挂起了陕北青年路遥，其实到那时我们还没有见过他本人呢。"[13] 那时的路遥，一度甚至有了跳水自杀的想法："我曾因生活前途的一时茫然加上失恋，就准备在家乡的一个水潭中跳水自杀。结果在月光下走到水边的时候，不仅没有跳下去，反而在内心唤起了一种对生活更加深沉的爱恋。最后轻松地折转身,索性摸到一个老光棍的瓜地里,偷着吃了好几个甜瓜。"[14]

在这种情况下,路遥选择为了"前途",更是为了捍卫"尊严"。只有"成名"才能让他有前途,才能使他一洗"前耻"。如果沿着这个思路,是不是也可以认为为"失恋"要"尊严"是路遥创作的主要起因呢?

无论什么样的说法,都印证了一个事实,那就是:路遥当年深爱着林红,并且尽全力做了他所能做到的事情。远离家乡和亲人,羸弱无所依靠的林红,也深爱着路遥,两人的初恋是单纯、认真和相互信任的。正如法国作家雨果所说的,"在爱情这种动人的歌剧里,脚本几乎是无用的"。

据说,林红后来到铜川矿务局医院治疗牙痛的过程中结识了一位在医院实习的年轻军医,后来他们结为夫妻。20世纪70年代末,林红从"二号信箱"调离返回北京,在北京新华书店工作。[15]

史铁生(1951—2010)在自传小说《插队的故事》中说:"我们这些插过队的人总好念叨那些插队的日子,不是因为别的,只是因为我们最好的年华是在插队中度过的。谁会忘记自己十七八岁、二十出头的时候呢?谁会不记得自己的初恋,或者头一遭被异性搅乱了心的时候呢?于是,你不仅记住了那个姑娘或是那个小伙子,也记住了那个地方,那段生活。"[16]

成为"路遥"

在"农村通讯员"培训期间,延川县革命委员会党校组织代表参观榆林地区学大寨先进吴堡县,党校校长白光明与老师黄殿武,借口路遥能做记录,带上他一起参观。路遥在榆林招待所里创作了诗歌《车过南京桥》和《塞上柳》。

一天,穿着褪色的旧棉袄、腰里扎着麻绳的路遥拿着署名为"缨依红"(亦说"缨忆红")的新诗《车过南京桥》到延川县文化馆来求教。据闻频回忆:"诗不长,不到二十行,但那想象的丰富,诗句的奇特,令人震惊,我被作者的才情深深打动了,连声夸赞写得好。(当时延川的文艺创作还没铺开。这样的人才,实属凤毛麟角。)"县文化馆文学干事吴月光当时编辑《革命文化》,他说:"你的诗写得很好,我们这一期就编发。"路遥的脸上浮现出一丝喜悦,但却没有激动。闻频当时觉得"缨依红"这个笔名有点别扭,建议他重新取一个独特、好念、好记的笔名。他想了想,接过诗稿,抓过一支钢笔,随手将"缨依红"三字划去,略加思索之后,写下了"路遥"这个名字。闻频一看,大声叫好,这个名字好!

路遥知马力。[17]从此,"路遥"这个笔名诞生了。除了正式文件、档案,他用本名王卫国之外,从《车过南京桥》开始,路遥一直沿用这个笔名直到去世。

《车过南京桥》在延川县文化馆白军民主编的油印小报《革命文化》上发表了。发表后,陕西省工农兵艺术馆主办的《群众艺术》转载了这首诗。遗憾的是,这首诗并没有被路遥生前亲自选定的《路遥文集》收入,但它是路遥自觉文学创作的开始。从1970年起,路遥确定目标,要在劳动之余从事文学创作。时至今日,路遥的同龄人中,在文学领域,出现了韩少功、张承志、梁晓声、贾平凹、史铁生、叶辛、铁凝、王安忆、阿城、残雪、池莉、李锐、张炜等数十位知名作家,他们都是在"文革"时期自觉进入文学创作,并成为一直活跃在当代文坛的作家。

《车过南京桥》发表之后不久,"农村通讯员"培训期满,在曹谷溪等人的帮助下,路遥以"路线教育积极分子"的身份,进入了延川县"毛泽东思想文艺宣传队",从事文艺创作工作。在"毛泽东思想文艺宣传队",路遥的文学天赋得到了很好的展示和发挥。

当时在延川落户插队的知青史铁生在成为作家后撰文回忆:"我下乡,他回乡,都是知识青年,那时我在村里喂牛,难得到处去走,无缘见到他,我的一些同学见过他,惊讶且叹服地说那可真正是个才子，说他的诗、文都作得好，说他而且年轻，有思想有抱负，说他未来不可限量，后来我在《山花》上见他的作品，暗自赞叹，那时我既未做文学梦，也未及去想未来，浑浑噩噩，但我从小喜欢诗、文，便十分地羡慕他，十分的羡慕很可能就接近着嫉妒。"[18]

在"毛泽东思想文艺宣传队"，路遥跟随曹谷溪学采访、照相。一次，曹谷溪要去黄河畔采风，带了路遥。他背一

20世纪70年代，路遥与曹谷溪（右）在延川黄河畔

个海鸥照相机,路遥背一个黄挎包,包上面写着"红军不怕远征难"。两个人骑一辆破旧的自行车,没铃,没闸,没后车架。一个骑车握把,一个坐前梁。那是一次十分富有浪漫色彩的采风。他们站在黄河畔的石崖上,背倚山石嶙峋的山峰,俯望滔滔不息的黄河,对人生和未来充满自信和向往。谷溪让路遥在一块石崖上站定,自己对好了焦距,把照相机放在对面一块石头上,自己快步走到路遥跟前,相机一闪,自动拍摄了一张二人合照。这张充满笑容的合照,是路遥一生当中非常难得的一张,既记录了当时瞬间的生活画面,又见证了两人的友谊。"文革"时期,青年男女均以穿军装、戴军帽、穿胶鞋为美,路遥也不例外。从路遥留下的照片资料来看,路遥服装多以军装为主,这也印证了那个"崇武"时代的特征。

李小巴(1937—2022)因为到延川采访当赤脚医生的北京知青孙立哲的事迹,在县革委会宣传组办公室,认识了路遥。之后,"一天傍晚,他陪我在小县城里逛,他笑着对我说:'北京知青来了不久,我心里就有种预感:我未来的女朋友就在他们中间。'我当时听了十分惊异。我认为这是不可能的事。我几乎认为这是一个不自量力的陕北后生在口吐狂言"[19]。多年后,李小巴认为:"他的几部主要作品都有着强烈的自传色彩。他的青少年的人生经历,特别是感情与心理的苦难经历，赋予了他作品主人公的血与肉。"[20]

据路遥回忆，在他20岁左右的时候，记不清在什么情况下，很可能是在故乡寂静的山间小路上行走的时候，或者是在小县城河边面对悠悠流水静思默想的时候，曾经有过一个念头：这一生如果要写一本规模最大的书，或者干一生中最重要的一件事，那一定是在40岁之前。路遥称："我的心为此而颤栗。这也许是命运之神的暗示。"[21]

当时，曹谷溪热衷于文学创作，创作活动也成了通讯组的业务。曹谷溪不但"指点"路遥创作，还在生活、感情方面给予他实实在在的支持和鼓励，其中包括修复失恋留下的创伤和重新恋爱。

北京女知青林达（1951— ）由延川关庄公社前楼河村调到县通讯组后，经常要与曹谷溪商量工作，住在曹谷溪的办公室的路遥与林达自然抬头不见低头见。正如邢仪所说，路遥失恋后，我们队几个女生就无端地牵挂起了陕北青年路遥。林达是清华附中的才女，到通讯组后不久，林达就写了一篇通讯发表在《陕西日报》。林达与林红同在前楼河村插队，关系十分要好，林达知道林红和路遥相爱的事和分手的经过，于是就主动写信安慰路遥，并劝他振作起来去干一番大事业。在这封信的最后，林达还写了一句意味深长的话："请问我能否与你合作？"林达向路遥主动发出了爱情信号。

其实，林达的风度和特有的气质，使路遥又看到了当年林红的影子，而林达与他的热情来往，也使他重新燃起了一种希望的火花。

原本，曹谷溪曾拿路遥的作品给林达看，说路遥有多聪明，多有骨气，多有才气。他的目的是想让林达做一位爱情使者，去游说林红，让她与路遥破镜重圆。不料，路遥与林达却坠入爱河。于是，曹谷溪特意给林达和路遥安排了暗室。暗室对那个时候的路遥来说，太美妙，太理想，简直是他的伊甸园和方舟，只要林达有空闲，他就找曹谷溪要钥匙，别人面前不好明言，就写条子递上去，曹谷溪就偷偷把钥匙塞给路遥。在这个暗室中，路遥与林达的爱情故事渐渐显影。[22]

在闻频的记忆中："林达当时十八九岁，清瘦、白净、文质彬彬，待人很和气。"路遥与林达相恋后，林达专门去了一次林红工作的铜川。她与林红躺在一张床上，同盖一床被子，她把自己与路遥相爱的事告诉了林红，林红听后哭了，整整一夜都不停地落泪。林达离开林红工作的城市，到父母寓居的厦门，向母亲报告了她与路遥的相爱，征询母亲的意见。母亲要她讲讲路遥是怎样一个人，她滔滔不绝地讲着路遥的才华、勤奋、刻苦、毅力……末了，母亲问林达："你讲的都是路遥的优点，路遥有什么缺点呢？"林达一时语塞。母亲说:"你不知道他的所有缺点,就说明你并不很了解他,你们的事缓一缓为好。你先得冷静下来,拉开距离之后看看。从某种意义来说,只有当你愿意接受和包容他的全部缺点的那个人,才能成为你的生活伴侣……"[23]

林达回来,冷淡了路遥。旧梦刚刚过去,新梦刚刚开始。那段时间,路遥对曹谷溪说:"林达不和我好了……"在曹谷溪面前,路遥第二次痛哭流涕,像一个受伤的孩子。曹谷溪说:"事情不会这么简单,林达不是会突然变卦的人。"而且还来做林达的工作,劝她在接触中了解路遥。

拉开距离许久的路遥和林达最终正式确定了恋爱关系。这年春节前,路遥带着林达一同回到郭家沟看望大爹大妈。过完春节后,又与林达一同到刘家沟看望媒人曹谷溪。曹谷溪找大队把知青住过的窑洞收拾打扫了两孔,安顿他们分别住下,这一住就是八天。

按照民间的习俗,陕北人正月出行,一般家人要鸣炮送行,忌单日出门、双日回家。路遥和林达都属于知识青年,也就不讲究这些习俗了。到了曹谷溪家中,他一日三餐给路遥、林达大碗吃肉,大碗喝酒,吃羊肉荞麦饸饹。在路遥的自述和他人的回忆文章中,很少看到有路遥喝酒的描述,这个大碗酒应该是陕北的黄米酒。路遥的体质应该属于不能喝酒的体质,文学界里有不少职业"酒鬼",但路遥不太喝酒,至少不擅长喝酒。

在与林达一起插队好友邢仪的回忆中，林达与路遥的恋爱当初并没有得到父母的肯定与支持："作为侨委干部，达的母亲比较开通，对于达与路遥的恋爱，她无奈地说：'女儿爱上了，我有什么办法呢？'然后达妈妈要召见这位陕北女婿。达带着路遥回北京了，达还带着路遥去看望在北京的许多同学和同学的家长。家长们好奇地观察着随和的、收敛的、敦厚的、健壮的路遥，有的评价说，路遥长得像当时的体委主任王猛，比想象的好。（不知他们原先想象的是什么样子）又有的家长说了，这个陕北小伙子真不错，但如果是和我闺女，我不同意。"[24]

路遥和林达的恋爱一度成了延川县城里青年人热议的话题。林达因工作常常下乡，路遥便委托北京知青传带书信。据说，路遥写给林达的信从来不封口。一些捎信的女知青就毫不客气地替林达"审查"（把关）。有时，路遥的信会被捎信的知青用红钢笔勾改语句不通的地方，结果信被批改得面目全非地交到林达手上，而她欣然接受。在她们的印象中，路遥对林达的指示言听计从。

时间不长，路遥交了许多知青朋友，渐渐融入了北京知青的圈子。知青们也熟悉了路遥和他的家人。在知青眼中，那时的路遥涉猎的知识面很广，聊国内形势和国际政治，聊陕北的民俗和民歌，聊他最喜欢的小说《红与黑》，侃侃而谈、滔滔不绝……

注释：

1. 邢仪:《那个陕北青年——路遥》,《当代》2015年第3期。

2. 海波:《人生路遥》,广东人民出版社2019年版,第25—26页。

3. 路遥:《早晨从中午开始》,《路遥全集　散文卷:早晨从中午开始》,北京十月文艺出版社2019年版,第381页。

4. 高建群:《扶路遥上山》,李建军编:《路遥十五年祭》,新世界出版社2007年版,第143—144页。

5. 高歌:《困难的日子纪事——上大学前的路遥》,李建军编:《路遥十五年祭》,新世界出版社2007年版,第49页。

6. 皈依长路:《路遥的爱情》,《当代》2015年第3期。

7. 秦陇华:《东风拂芳华　山城悟人生》,《华原》(铜川市文联主办)2020年第1期。

8. 皈依长路:《路遥的爱情》,《当代》2015年第3期。

9. 邢仪:《那个陕北青年——路遥》,《当代》2015年第3期。

10. 秦陇华:《东风拂芳华　山城悟人生》,《华原》(铜川市文联主办)2020年第1期。

11. 朱合作:《本色路遥》,申晓主编:《守望路遥》,太白文艺出版社 2007 年版,第 226 页。

12. 海波:《人生路遥》,广东人民出版社 2019 年版,第 27—28 页。

13. 邢仪:《那个陕北青年——路遥》,《当代》2015 年第 3 期。

14. 路遥:《早晨从中午开始》,《路遥全集 散文卷:早晨从中午开始》,北京十月文艺出版社 2019 年版,第 412 页。

15. 秦陇华:《东风拂芳华 山城悟人生》,《华原》(铜川市文联主办)2020 年第 1 期。

16. 史铁生:《插队的故事》,《钟山》1986 年第 1 期。

17. 闻频:《回忆路遥》,申晓主编:《守望路遥》,太白文艺出版社 2007 年版,第 60 页。

18. 史铁生:《悼路遥》,李建军编:《路遥十五年祭》,新世界出版社 2007 年版,第 150 页。

19. 李小巴:《留在我记忆中的》,晓雷、李星编:《星的陨落——关于路遥的回忆》,陕西人民出版社 1993 年版,第 163—164 页。

20. 李小巴:《留在我记忆中的》,晓雷、李星编:《星的陨落——关于路遥的回忆》,陕西人民出版社 1993 年版,第 171 页。据李小巴回忆,路遥《惊心动魄的一幕》《在困难的日子里》《人生》等小说在发表之前,都会找他提意见,可见李小巴非常熟悉作品的写作过程,以及人物构思的源头。

21. 路遥:《早晨从中午开始》,《路遥全集 散文卷:早晨从中午开始》,北京十月文艺出版社 2019 年版,第 344 页。

22. 参见皈依长路:《路遥的爱情》,《当代》2015 年第 3 期。

23. 皈依长路：《路遥的爱情》，《当代》2015年第3期。
24. 邢仪：《那个陕北青年——路遥》，《当代》2015年第3期。

延大岁月

五

报考大学

1973年2月,邓小平接到中央的通知,要求他近期返京,不久即偕全家从江西谪居地回到北京。同年4月3日,国务院批准国务院科教组《关于高等学校一九七三年招生工作的意见》(国发〔1973〕39号)。这一年是1966年之后的第一次高考,高等学校招生除须经过评议推荐及审查、复查外,还要进行语文、数学、理化三科的书面文化考查,由各地、市命题,县(市)主持,采取开卷考形式。这一年的6月底7月初,延川县发布了全国各大学招生的消息。面对如此难得的求学机会,路遥找到他小学时的老师、时任延川县文教局副局长的白军民说:"我要上大学!"很快他就向自己所在的大队递上了入学申请书,按规定履行了报名手续,同时填报了志愿:北京大学哲学系,陕西师范大学中文系。

7月24日,延川县的高考招生考点设在路遥的母校——延川中学。考试两天,共考三门——语文政治、数学、理化。考试成绩公布后，路遥三门考试的分数为：语文政治83分，数学22分，理化30分，平均成绩45分。

此时的路遥，以"路遥"为笔名刚刚在《陕西文艺》创刊号上发表了短篇小说《优胜红旗》，在周围人的眼里是个颇有才华的文学青年。为此，延川县文教局煞费苦心地向北京和西安的大学推荐路遥。但由于一些历史原因，路遥先后被来延川负责招生的老师婉拒。后来，延川县文教局又找到延安大学的招生组，但因为路遥志愿中没有填报延安大学，招生组工作人员也感到为难。情急之中，路遥当时的恋人、北京知青林达，直接向县委反映了他上学的问题。

当时，申易（1926—2011）刚到延川担任县委书记不久，是一个思想开明的领导。在他的建议下，延川县公检法军事管制小组对路遥的历史问题予以调查，最终真相大白。经过此事，申易对路遥的为人及才华也有了初步的了解，在得知路遥为了上大学的事四处奔走时，便想到了在延安大学工作的堂弟——申沛昌（1938— ）。当时的申沛昌负责延安大学中文系的招生工作。之前，申沛昌曾在延川县见过路遥，但对路遥报考大学的事不太清楚。申易为帮助路遥上大学一事，曾三到延安，并且认真详细地向堂弟申沛昌介绍了路遥的文学创作情况，同时将公检法机关对路遥在"文革"时的武斗事件作不予认定的审查结论告知申沛昌。

申易作为延川县委的领导,做人做事极其认真负责,他反复向申沛昌解释和说明,"路遥在政治上没有问题",力荐路遥在延安大学深造。申沛昌时任延安大学中文系党总支副书记,深知申易是个实事求是、按政策办事的人,便认真听取了解释和说明,后来将这一特殊情况向中文系党总支书记、系主任郭玉宝以及当时的延安大学校长张逊斌做了汇报,并建议学校给没有报考延安大学、具有文学才华的路遥以深造的机会。申沛昌说,"延大党委和中文系在录取路遥这个问题上态度显明而坚定"[1]。

经延川县委和延安大学多次沟通,8月20日,延安地区革命委员会高等院校招生办公室在路遥被北京、西安的高校拒绝接收的情况下,决定在路遥的高等学校选拔学生登记表上盖上公章,同意路遥进入延安大学就读。

路遥能有幸进入延安大学学习深造,当时的延川县委书记申易和后来的延安大学校长、党委书记申沛昌确实起了决定性的作用。对于贫寒家庭出身的路遥来说,进入高等学府学习,意味着人生命运转变的开始。路遥虽然从未写过当时入学的情况,但是在后来的回忆中曾颇为感慨地说"是延安大学收留了我"。

多年后,路遥对当年帮助自己进入大学的两位长辈仍然心存感激。1983年11月30日,路遥在致申沛昌的信中说:"来信收读，一片深情厚意，使人热泪盈眶。世界广大，但知音不多，学校三年，我们虽然是师生关系，但精神上一直是朋友。您是我生活中少数几个深刻在心的人，我永远不会忘记您。"[2]

而路遥这位学生，也给申沛昌留下了深刻的印象："在我的印象中，路遥进入延大中文系读书，是他一生中一个重要的转折点。从一个作家的角度看，他所从事的创作中，其生活素材、人物形象，包括一些故事情节，应该说主要来源于他的亲身经历和感受，也来源于他在社会生活中的体验和积累。而他的创作理念、写作技巧以及一些涉及文学理论、文艺创作的经验教训等等，应该说是得益于大学三年，他拼命攻读中外名著而从中学习、借鉴、创新的结果。当然，他本人对文学的酷爱和天赋也是不可否认和不容忽视的。"[3]

大学三年，路遥潜心苦读，中外文学名著，均有所涉猎。他强调书本和阅读的重要性，常常语出惊人。在延安大学的三年，路遥的主要时间和精力都放在了文学创作的积累和准备上。同时，还在《陕西文艺》发表了诗歌、散文作品。1975年，路遥虽然还没大学毕业，但已经进入《陕西文艺》做起了见习编辑。1976年，大学毕业后，路遥正式到《陕西文艺》做了文学编辑。1988年，延安大学50周年校庆之际，路遥回到延安母校，并写下了一句感恩的留言："延大啊，这个温暖的摇篮……"

生活在杨家岭

1973年,路遥被延安大学中文系录取。那时,延安大学的在校生大多是未婚青年,学校虽不提倡学生谈恋爱,但进校时因年龄悬殊,学生中已有恋爱的、订婚的、结婚的情况。路遥此时正与林达处于热恋阶段。

路遥入校时,除了一个印有"红军不怕远征难"字样的书包,衣服也里里外外全换成了新的,特别是还戴了一块"上海"牌手表,当时班上戴手表的学生还很少。按照路遥的家庭经济条件,是难以购置这套"装备"的。

同学王志强回忆第一次见到路遥时,路遥"头戴一顶褪色发白的蓝华达呢帽子,身着整洁的黄涤良军用制服,肩挎当时北京知青通用的最时尚的黄色帆布挎包,包上印着毛体诗句'红军不怕远征难'"[4]。

路遥的大妈(养母)李桂英说:"儿子上大学前靠家里,上大学后靠的是林达,林达是北京人,家里境况好,在经济上给了儿子很多接济,就连背到学校里去的被子和褥子,都是林达给准备的。"[5]

延安大学中文系1974级同学张春生说:"在当时我还穿着大补丁裤子,许多同学还穿着老式衣服,路遥的着装其实是比较时尚的,很自然地引起同学们的羡慕。但最叫人羡慕的还是他的女朋友是'北京人'。"[6]

路遥进入延安大学后不久,林达就来学校看望他。林达的到来,引得班上同学纷纷借故到路遥的宿舍去,目的就是看望班长的未婚妻。后来同学回忆林达的印象:林达是个小个子,圆脸盘,大眼睛,头上扎着两根极为普通的麻花小辫,身着时下流行的蓝色外衣,非常朴素干净,清秀利索,一看就是个精明干练的人。[7]在同学的记忆中,林达每次来都要为路遥收拾床铺或洗被褥,犹如一位家庭主妇。每当此时,路遥的脸上就会露出灿烂的笑容。

延安是一座小城,延安大学坐落在延河之滨,毗邻杨家岭革命旧址,少了大城市的繁华和喧嚣。在路遥看来,这正是读书的好地方。路遥入学后,全身心地钻进图书馆、阅览室,将新中国成立以来几乎全部的重要文学杂志,从创刊号一直翻阅到"文革"后的终刊号。阅读完这些杂志,实际上也就等于检阅了1949年以后中国文学的基本面貌、主要成就及其代表性作品。路遥曾对大学同学说:"50年代末60年代初,是中国当代文学的鼎盛期,出了不少好的作品,我要回到那个时期,和作家分享那酸甜苦辣、喜怒哀乐。"[8]

在同学的印象中,路遥最感兴趣的是《延河》《萌芽》《收获》等杂志。随着阅读量的增加,他慢慢由文学杂志转向了世界名著。大学同学白正明回忆:"一本接着一本读,有时在教室,有时在宿舍,有时在杨家岭革命旧址,像久旱的庄稼苗遇上了一场甘雨,尽情地汲取着水分和营养……延大是读书的好地方,依山傍水,特别是夏天,延河滩里清新凉爽,杨家岭上松柏翠绿,环境十分幽雅。"[9]

路遥宿舍的床头经常放着两本书,一本是柳青(1916—1978)的《创业史》第一部,一本是艾思奇的《辩证唯物主义历史唯物主义》,这两本书路遥百看不厌。路遥与几位爱好文学的同学交谈读书体会时说:"读书要有收获,就要按文学发展史的每个阶段,拿每个流派的代表作家的代表作去读,并要对你喜欢的作品重点地钻研,要会享受、会浏览、会大拆大卸。"要读书,会读书,这是路遥的读书体会。在同学白正明看来,陕西第二代作家中,"路遥是读书最多、学养最好的人"。

根据延安大学青年学者侯业智的研究,路遥在大学期间接受了较为系统的文学训练。"尽管我们现在没有办法得知当时的具体课程体系、课程结构和课程进度,但从中文系1973年9月29日的会议纪要中提到的1973年下半年的课表来看,这一学期开设有《文艺理论》《现代文学》《现代汉语》文艺讲座以及体育和政治等课程,与现在汉语言文学专业的课程体系与课程进度相差不大。通过这一系列文学课程的学习,路遥的文学素养得到了大幅度提升。这一系统工程也将路遥从一个业余的写作爱好者转变为一个具有深厚文学底蕴的专业作家。"[10] 更难得的是,当时延安大学中文系有一批坚守教学一线的知名教师,他们大都是20世纪50年代支援延安大学恢复重建,从省内外名校选派来的。有来自北京师范大学的高振中老师主讲古代文学,有来自上海复旦大学中文系的包永新老师主讲文艺理论课(包括美学),有毕业于陕西师范大学的冯力平老师主讲写作课和形式逻辑……还有主讲现代文学的张荣生,主讲外国文学的赵克仁,主讲当代文学的赵谦允,以及张崇文、张志宇、倪余庆、张化新老师等,在教学上都出色当行。这些老师的学术水平、敬业精神、师德风范都有口皆碑。这样的环境,这样的课程,这样的老师,都是路遥求之不得的。

据大学同学许卫回忆:"我们还得知路遥的读书方式和一般人不一样。他读书速度很快,但是重点书籍反复诵读,重点句子能够背下来,有的书甚至全本都可以复述下来。他常常在同学面前毫无表情地用毫无起伏的语调大段地背诵名句甚至名段,宛如一个用功的中学生。"[11] 可见,路遥读书是有目的的。在许卫的记忆中,路遥特别喜欢包永新老师的文艺理论课,他认为只有正确的理论指引,在创作上才能少走弯路,更容易实现自己的文学梦想。包老师给他列出重点读书目录,并交给在图书馆工作的爱人,帮助路遥精心选书借书。许卫说:

"我在路遥那里见过包老师给他列出的读书目录,我也据此读过不少文学名著。"[12] 由此可以看出,路遥在延安大学时非常勤奋,精神也得到了放松,虽然在老师和同学眼里,他是一个经常外出参与各种文学活动、喜欢"逃课"、生活"散漫"容易"闯红灯"的特殊学生,但读书、写作始终是路遥这个阶段最重要的事情。甚至,"路遥为了写作,有的课程不去上,这从学校纪律上讲是不允许的,可是系领导和班主任老师从路遥的特点和成果出发,从未追究过他。班上的党组织负责人张子刚与路遥很团结,配合默契,从未闹过意见。班里的同学绝大多数都淳朴善良,没有给老师打小报告,没有和路遥过不去。这些,都为路遥的成长营造了良好的环境"[13]。

在侯业智看来:"不能说没有延安大学路遥就成不了一名优秀的作家,但是如果没有延安大学,路遥的文学创作道路不会这么顺畅,路遥的文学之树也将会是另一番景象。"这是因为"如果说中学是一个普适性教育阶段的话,那么大学就是一个系统学习专业知识的阶段……延安大学的三年大学生活也赋予了路遥小说思想上的深度"[14]。

从"延河"到《延河》

路遥上学期间,林达付出了巨大努力。她当时每月挣38

元钱，除了自己的伙食和必不可少的零花钱外，其余的都给了路遥。林达当时在延川县委通讯组工作，是曹谷溪手下的一位"笔杆子"，在领导和群众中都有很好的口碑，以她的才气和表现，上大学是完全有可能的。

在1973年《陕西文艺》创作座谈会上，路遥认识了在西安当工人的陕北老乡申晓，之后他们成为好友。多年后，申晓回忆他和路遥的对话，觉得路遥的内心世界别有洞天。申晓当时问路遥，谈没谈对象，路遥回答说，谈了，北京知青，厦门人，叫林达。申晓问，长得俊不？路遥回答说，林达长得比我强，俊哩！又会写文章，我们县通讯组的，前不久刚在省报上发了一篇文章。申晓又问：你咋找北京的女娃娃，找个本乡本土的婆姨多好，咱陕北的女人乖哩！停顿片刻。路遥答道：唉，你就不懂了，咱家穷嘛，穷亲戚再套穷亲戚，那穷根就扎下了，几辈子都翻不了身……[15]

1974年开始，路遥在大学里一边疯狂读书、勤奋创作，一边不断与延安及省内文艺界人士频繁来往。这些人有文化馆的，有曲艺馆的，有文工团的，有师范学校的，也有文学编创组的。这一年夏天，他在延安大学主持系列文学讲座，就公私兼顾地把这一帮朋友统统请了过去。"他在延安就近请来白龙（白正明父亲——引者注）、梅绍静老师讲授诗歌创作；邀请晓雷、李天芳老师讲授散文创作，韩起祥老师讲授曲艺创作。他又陆续从西安请来了董墨、李知和陈忠实老师，分别讲授散文和小说创作。"[16]

这一年冬天，路遥在西安参加文学活动时，《陕西文艺》编辑部主任董得理询问路遥，愿不愿意到编辑部来帮忙工作一段时间。一个人与一本杂志就在这一年有了交集。大学即将放寒假，这对路遥来说是个非常难得的机会。当时，《陕西文艺》由陕西省文艺创作研究室主办，编辑部设在西安东木头市的172号院里。编辑部的人员实际上是原《延河》的班底：主编王丕祥（1926—2016），副主编贺鸿钧（贺抒玉）（1928—2019）、王绳武；编辑部主任董得理；小说组组长路萌，副组长高彬；诗歌组组长杨进宝；评论组组长陈贤仲。《陕西文艺》编辑部以"开门办刊"走出去、请进来，在知识分子成堆的地方以"掺沙子"的名义借调路遥去当见习编辑。《陕西文艺》编辑部为文学新人的成长和发展付出了巨大的心血，此举既为刊物版面服务，又为文学新人的培养创造了良好的机制。前后被抽调到《陕西文艺》编辑部的作者有路遥、白描、叶延滨、叶咏梅、牛垦、徐岳、王小新等。

在《陕西文艺》见习的日子，对于路遥来说十分珍贵。在这里，路遥不仅近距离接触到了所敬仰的文学前辈，还见证了文学从"文革"的灾难中复苏到取得发展的一段重要历史——在特殊年代，文学前辈顶着种种风险和压力，为文学的复兴和陕西青年作家的成长倾洒心血与汗水。与此同时，路遥还能在那个文学饥荒的年代，从文学前辈和优秀编辑那里，听到许多他所不知道的作家和作品。他回到学校后对同学说："我在编辑部半年的工作比咱在校三年都学得多！那里才是真正学习和锻炼人的地方。"

这个阶段，路遥在王作人的印象中"很有修养"且"不乏沉稳"："与我想象中的形象是大相径庭。人还是个小伙，可膀粗腰圆，本来脖子就很短，还围了带格的围巾。那天他没戴眼镜，眼睛里闪烁着十分诚恳而亲切柔和的光，只是看人眼却眯成一条缝。他待人很有修养，很有礼貌，也很和善。和善之中不乏沉稳。"[17]

而在老师申沛昌的眼里，路遥是一个酷爱文学又关注政治的人："1975年夏，路遥利用暑假同林达一起去了一趟林达的老家福建。他在回校前给我写了一封长信，细说了他在沿途的所见所闻、所思所想，以及他所感受到的人心民意和国家面临的形势、未来发展的走向，通篇是用文学家的激情，写的是政治家关注的事情。"[18]

1976年，路遥毕业时，时任《陕西文艺》主编的王丕祥、副主编贺抒玉、编辑部主任董得理亲自去陕西省高教局、延安大学，在分配方案已经确定、学生全部留陕北的情况下，争取将路遥分配到陕西省文艺创作研究室《陕西文艺》任编辑。在贺抒玉看来,路遥并非延安大学毕业的普通学生,而是在《陕西文艺》当过见习编辑、多次在省上参加过文学培训的年轻作者。这是贺抒玉把路遥挖到编辑部的思想源头。这位伯乐关键时刻决定亲自动手:"1976年夏秋之际,路遥就要大学毕业了。编辑部几位领导同志都认为路遥在文学编辑和文学创作上蕴藏着较大的潜力,很想调他来《延河》工作。听说延安大学那期毕业生分配方案已定,全部就地消化。"[19]于是她和主编王丕祥便去省高教局请示、沟通,又到延安地委宣传部、教育局和延大向领导求助,通过一系列的努力、协商,最后才把路遥争取到了当时的《陕西文艺》。

一年后,整座城市百废俱兴,《陕西文艺》恢复原名《延河》,路遥在编辑部任小说组编辑。陕西文艺创作研究室与《延河》编辑部也从东木头市搬迁到建国路71号,《延河》编辑部就在三进四合院的最后一个小四合院办公,青砖铺地,别有一番清幽古朴的感觉。在路遥看来,这不是普通的四合院,这是文学的殿堂。

路遥担任《延河》小说组初审编辑,每天要从大量的初稿中,将认为上乘的稿子签到小说组组长那里。《延河》副主编贺抒玉说,路遥遇到有些创作基础的作者来稿需退,则会认真地写一封鼓励作者又意见中肯的退稿信。另外,柳青《创业史》第二部在《延河》连载,路遥有幸成为责任编辑,结识了晚年病危中的柳青,当面聆听过他的教诲,也恪守了柳青一样的文学精神。这样,路遥从延川《山花》到"延河",从"延河"到《延河》,从见习编辑到初稿小说编辑,最后成长为小说组组长、专业作家,一步步迈向中国当代文坛中心,成为20世纪中后期陕北黄土地继柳青之后最杰出的一位现实主义作家。

注释:

1. 申沛昌:《十五年后忆路遥》,马一夫、厚夫、宋学成主编:《路遥再解读:路遥逝世十五周年全国学术研讨会论文集》,陕西人民出版社2008年版,第381页。

2. 路遥:《831130 致申沛昌》,《路遥全集 剧本·诗歌·书信卷:人生》,北京十月文艺出版社2019年版,第215页。

3. 申沛昌、张春生、厚夫、袁广斌:《路遥的大学时代》,新华出版社2020年版,第6页。

4. 申沛昌主编:《路遥与延安大学》,新华出版社2019年版,第19页。

5. 白描:《为作家养母画像——路遥身后引出的故事》,李建军编:《路遥十五年祭》,新世界出版社2007年版,第272页。

6. 申沛昌、张春生、厚夫、袁广斌:《路遥的大学时代》,新华出版社2020年版,第60页。

7. 申沛昌、张春生、厚夫、袁广斌:《路遥的大学时代》,新华出版社2020年版,第61页。

8. 白正明:《路遥的大学生活》,李建军编:《路遥十五年祭》,新世界出版社2007年版,第51页。

9. 白正明:《路遥的大学生活》,李建军编:《路遥十五年祭》,新世界出版社2007年版,第51页。

10. 侯业智:《延安大学对路遥文学创作的影响》,申沛昌主编:《路遥与延安大学》,新华出版社2019年版,第188页。

11. 申沛昌、张春生、厚夫、袁广斌:《路遥的大学时代》,新华出版社2020年版,第77页。

12. 申沛昌、张春生、厚夫、袁广斌:《路遥的大学时代》,新华出版社2020年版,第76页。

13. 申沛昌、张春生、厚夫、袁广斌:《路遥的大学时代》,新华出版社2020年版,第153—154页。

14. 侯业智:《延安大学对路遥文学创作的影响》,申沛昌主编:《路遥与延安大学》,新华出版社2019年版,第187—188页。

15. 申晓:《兄弟情深》,申晓主编:《守望路遥》,太白文艺出版社2007年版,第233页。

16. 王志强:《班长路遥》,《榆林日报》2023年11月16日。

17. 王作人:《难忘路遥》,申晓主编:《守望路遥》,太白文艺出版社2007年版,第173页。

18. 申沛昌:《十五年后忆路遥》,申沛昌主编:《路遥与延安大学》,新华出版社2019年版,第9页。

19. 贺抒玉:《短暂辉煌的一生》,晓雷、李星编:《星的陨落——关于路遥的回忆》,陕西人民出版社1993年版,第79—80页。

两位导师

六

柳青:"文学教父"

中国当代老一辈作家当中,柳青对路遥无论是人生还是创作都产生了重要影响。他们分别出生在陕北的吴堡与清涧,都讲着陕北口音的方言。两人几经辗转后又都在西安长期生活并从事文学创作,对文学都有着至高的信仰,这种共同的追求让他们结下了不解之缘。

路遥把柳青称为他的"文学教父",这是一种发自内心的尊敬。柳青作为20世纪五六十年代现实主义代表作家,是路遥在做人和创作上的可见可触、可亲可爱的楷模,更称得上是路遥的精神导师。他们都信奉现实主义文学,路遥对柳青的敬重便源自这种现实主义文学观念的继承。路遥曾多次提到,在《平凡的世界》准备创作前,自己阅读了大量的中外文学名著,其中阅读次数最多的就数柳青的《创业史》,前后通读达七次,而且每次阅读都会有不同的感受。由此可见,路遥对柳青这位同乡确实是怀着一种极高的敬意,而且对他是义无反顾地追随。当然,这种敬意与追随中,也有着路遥的清醒与深刻。路遥在《柳青的遗产》一文中写道:"对于今天的作家来说,我们大家不一定都能采取柳青当年一模一样的方式,但已故作家这种顽强而非凡的追求,却是我们每一个人都应该尊敬和学习的。"[1]

路遥生前曾多次见过柳青。1974年6月,柳青受邀到陕西省文化局在其招待所召开的文学创作座谈会上讲话,这是路遥第一次见到柳青。此时的路遥已是延安大学中文系的一名学生。据路遥大学同学说,柳青的《创业史》是路遥床头的必备书。路遥曾对王天乐坦言:"我第一次向柳青坦白说自己一定要成为一个作家时,柳青拍了一下我的背说,娃娃,这是一个非常的选择,是好事,但你以后受罪呀!记住,这不是你的选择,而是上帝的安排。"[2]

1977年10月31日,柳青出席陕西省文艺创作会议,并在会上做了《关于文艺创作的几点看法》的发言。路遥以青年作者和《延河》(1977年7月,《陕西文艺》恢复《延河》刊名)编辑的身份参加了本次会议,又一次见到了柳青。其间,柳青在医院坚持修改、撰写《创业史》第二部(下卷),该卷已敲定将在1978年的《延河》上连载。作为《延河》年轻的小说编辑,路遥经常和老编辑一起去医院看望柳青。路遥在《病危中的柳青》中写道:"在这些日子里,焦急地关心着作家健康的延河文学月刊社的编辑们,时不时听见他被抬进了抢救室;可他的《创业史》第二部的手稿还是一章又一章不断头地送到编辑部来了;字里行间犹闻他一片喘息之声!这就是一个濒临死亡的人创造的奇迹——啊!我们这些体格健壮的人又能做出些什么呢?"[3]此时的路遥,作为同乡后辈的文学青年,作为《延河》杂志的一名编辑,在与晚年柳青最后的交往中,其精神世界正在悄悄地发生着某种蜕变:"柳青生前我接触过多次。《创业史》第二部在《延河》发表时,我还做过他的责任编辑。每次见他,他都海阔天空给我讲许多独到的见解。我细心地研究过他的著作、他的言论和他本人的一举一动。他帮助我提升了一个作家所必备的精神素质。"[4]

其间,路遥与柳青有过一番对话。路遥问:"你一个陕北人,为什么把创作放在了关中平原?"柳青回答:"这个原因非常复杂,这辈子也许写不成陕北了,这个担子你应挑起来。对陕北要写几部大书,是前人没有写过的书。""从黄帝陵到延安,再到李自成故里和成吉思汗墓,需要一天的时间就够了,这么大的一块土地没有陕北人自己写出两三部陕北题材的伟大作品,是不好给历史交代的。"[5]

1978年春,《延河》编辑部召开短篇小说创作座谈会。

柳青因病住院，未能参会。"路遥去柳青病房录下柳青对陕西青年作者的录音教诲。在省作协小会议室播放……小会议室坐得满满当当，却悄无人声，都安静地听着柳青那浓重的陕北口音讲述的文学真谛。"[6]柳青的这次录音，后来以《生活是创作的基础》为题刊发在《延河》1978年第5期。在这篇文章中，柳青着重讲解了生活之于创作的重要性，同时期待大家在创作的道路上，可以有所借鉴，但更重要的是有属于自己的创造。在路遥看来，柳青完全有为自己创造出来的东西骄傲的理由："在我们已有的文学基础上，他自己新建筑起来的艺术之塔似乎要比他同时代任何人的建筑要宏大和独特一些。"[7]

路遥说柳青对他的影响是多方面的。打开小说《人生》，第一眼便可看见柳青在《创业史》中议论人生的两节话。长篇小说《平凡的世界》在构思、表述上，也可以说是对《创业史》的"延续"。柳青在小说集《恨透铁》印刷之前，反复叮咛编辑，无论如何不能省略《恨透铁》书名下的"一九五七年纪事"这几个字。而路遥早年的一本小说集《当代纪事》，其中有两篇小说的副标题就采用了"××××年纪事"的方式：《在困难的日子里——1961年纪事》《惊心动魄的一幕——1967年纪事》。这些都可以看出，路遥对柳青的创作及其精神的坚守与继承都是无比自觉的，同时更是力争有所突破。路遥就认为:"从某种意义上说,每一代作家的使命就是战胜前人,不管能否达到这一点。否则,就没有文学的发展。"[8]有评论者就曾指出,路遥在继承柳青文学传统的前提下,对柳青的超越是显而易见的。

路遥曾坦言:"比之某些著作浩繁的作家来说,柳青留给我们的作品也许不够多。可是,如果拿一两金银和一斤铜铁相比,其价值又怎样呢?"[9]他用自己的行动继承了柳青的文学传统,也刷新了新时期现实主义文学的高度。在完成《平凡的世界》第二部时,他面临的是生命危机与完成作品之间的艰难选择,如果停笔调养,可能像柳青一样会留下一部残缺的《创业史》而死不瞑目;如果选择继续完成创作,有可能付出生命的代价。路遥最后选择了继续完成创作,在关键时刻,他冲到了终点。他比柳青幸运的是,他可以做出选择,避免了柳青的悲剧,但却也留下了无限的悲怆与遗憾。

1983年4月9日,路遥在上海写下《柳青的遗产》一文,文章末尾有这样几句话:"但他一生辛劳创造的财富,对于今天的人们和以后的人们都是极其宝贵的。作为晚辈,我们怀着感激的心情接受他的馈赠。"[10]由此可见,路遥接受并感激柳青馈赠的这份遗产,像一汪永不干涸的泉水,供路遥解渴、吸收。对一个作家而言,这笔取之不尽、用之不竭的遗产,滋养并成就了"路遥"。

当《平凡的世界》荣获第三届茅盾文学奖后，在弟弟王天乐的陪伴下，路遥专程去长安柳青墓祭拜，并在墓前独自待了一个小时左右。这是路遥在向他的"文学教父"柳青汇报自己的文学成果。

生前为楷模，逝后是丰碑——从某种程度上说，柳青和路遥都做到了这一点。

秦兆阳[11]："文坛伯乐"

1978年9月，路遥在西安完成了他的第一部中篇小说《惊心动魄的一幕》。这部小说，路遥写得得心应手，因为他是"文革"的亲历者，对当时的"武斗"有深刻的认识。路遥满怀希望地把稿子寄了出去，不久后得到的却是一封封退稿信。两年时间里，稿子在全国的大刊走了一圈，但没有一家刊物愿意刊发。就在路遥陷入绝望时，林达托母亲袁惠慈[12]想办法，转机出现了。袁惠慈当时在中国新闻社福建分社工作，她找到时任广东省出版局副局长、作家黄秋耘。黄秋耘1976年起由国家出版局借调到北京，参与主持修订大型汉语词典《辞源》。黄秋耘读完路遥的《惊心动魄的一幕》后很是赞赏，于是便把小说直接推荐给时任人民文学出版社副总编辑兼《当代》杂志主编的秦兆阳。[13] 秦兆阳是新中国第一代文学编辑家的代表。

关于《惊心动魄的一幕》的发表，海波在《人生路遥》里有过这样的叙述：

> 关于《惊心动魄的一幕》的发表还有另外一种更具体的说法，这事路遥没给我说过，是我和路遥在城关小学时的老师、《山花》的创办人之一白军民，在事过四十年后即2017年对我说的。他说，《惊心动魄的一幕》屡投不受，就在路遥已经差不多绝望的时候，林达的母亲出面帮忙了。林达的母亲和著名作家、时任广东省出版局副局长的黄秋耘熟识，当时黄正被国家出版局借调到北京，参与主持修订《辞源》的工作，林母就提起这个事，看能不能帮忙看看。黄了解了大致内容后，很感兴趣，就把小说推荐给秦兆阳。[14]

1980年5月，路遥便接到当代杂志社邀请到北京改稿的通知：

> 就在路遥彻底灰心的时候，戏剧性的一幕果真出现了，命运之神终于把幸运降临到不屈不挠的路遥身上。过不多日，《当代》编辑刘茵打电话到《延河》编辑部副主编董墨那里，

明确地说:"路遥的中篇小说《惊心动魄的一幕》,秦兆阳同志看过了,他有些意见,想请路遥到北京来改稿,可不可以来?"董墨很快把电话内容告诉路遥,路遥欣喜若狂,他终于要看到所期望的结果了。[15]

路遥来到北京后,拜见了秦兆阳,后来他在《早晨从中午开始》中记述了这次难忘的拜会:

我怀着无比激动的心情赶到了北京。热心的责任编辑刘茵大姐带我在北池子他那简陋的临时住所见到了他。

秦兆阳面容清瘦,眼睛里满含着蕴藉与智慧。他是典型的中国知识分子,但没有某种中国知识分子所通常容易染上的官气,也没有那种迂腐气。不知为什么,见到他,我第一个想到的是伟大的涅克拉索夫。

秦兆阳是中国当代的涅克拉索夫。他的修养和学识使他有可能居高临下地选拔人才与人物,并用平等的心灵和晚辈交流思想感情。只有心灵巨大的人才有忘年交朋友。直率地说,晚辈尊重长辈,一种是面子上的尊敬,一种是心灵的尊敬。秦兆阳得到的尊敬出自我们内心。

结果,他指导我修改发表了这篇小说,并在他力争下获得了全国第一届优秀中篇小说奖。

这整个地改变了我的生活道路。[16]

路遥住在人民文学出版社，他在秦兆阳的指导下，修改书稿 20 多天，将原稿增加了 1 万多字，路遥为此感慨："改稿比写稿还难。"之后，《惊心动魄的一幕》终于在 1980 年《当代》第 3 期上刊发，而小说标题正是秦兆阳以隶书体写就的。只有他认为是好作品才会主动为其题写篇名。值得记述的还有一点，就是这期《编后小记》中有这样一段话：

本刊一直遵循创刊时公之于众的一个重要宗旨，即：注意发现和扶植文学新人。我国社会主义文学要大繁荣，没有大群的新战士是不可设想的。这一期，我们很高兴地再向读者介绍几位大家尚不够熟悉的青年和中年作家，这就是张俟、刘亚洲、张林、路遥、周冀南等。[17]

由此可见，《当代》对于文学新秀非常关注并给予扶持，这也从一个侧面反映了作为编辑大家的秦兆阳的眼光与魄力。他在担任《当代》主编的 15 年间，"强调刊物要办出自己独特的风格，力戒'跑野马'，不要跟着'风'跑，要坚定地走自己的路"，"提倡文学刊物的艺术风格和表现手法要多样化"，"他更看重那些朴实厚重的作品，反对在刊物上发表那些过分缺乏思想内容，单纯在形式上耍花架子的浮华之作"，同时要求"每期必发新人新作"。[18] 他经常在家中接待一些文坛新秀，同他们一起探讨创作问题。可以说，如果没有秦兆阳这样开放的办刊精神的指引，没有对新人的关注和扶持，路遥或许会被埋没或者更长时间沉寂于文坛。

《惊心动魄的一幕》在《当代》发表后，秦兆阳还特意在《中国青年报》上发表了一篇自己写就的评论——《要有一颗热情的心——致路遥同志》，对路遥的这部作品给予了充分肯定：

> 这不是一篇针砭时弊的作品，也不是一篇"反映落实政策"的作品，也不是写悲欢离合、沉吟于个人命运的作品，也不是愤怒之情直接控诉"四人帮"罪行的作品。它所着力描写的，是一个对"文化大革命"的是非分不清、思想水平并不很高却又不愿意群众因他自己而掀起大规模武斗以致造成牺牲的人，所以他带着全身的重伤，极端艰苦地连夜赶路，把自己送到坏人手上……朴素自然，写得很有真实感，能够捕捉生活中动人的事物，正是你的长处……[19]

在秦兆阳的充分肯定与大力推荐下，《惊心动魄的一幕》先后荣获1981年首届全国优秀中篇小说奖、1981年《文艺报》中篇小说奖、1979—1981年度《当代》文学荣誉奖。路遥一举成为陕西文学界第一位获此三项荣誉的青年作家，成了当时文坛上一颗引人注目的新星。

路遥延川时期的好友、时任《延河》诗歌编辑的诗人闻频，见证了路遥得知获奖消息时的情景："记得有一个礼拜天，一大早我在办公室写东西，他从前院急促促进来，手里拿着一封电报，一进门便高兴地喊：'我获奖了！'说着扑过来，把我紧紧拥抱了一下。路遥这种由衷的喜悦和兴奋，我只见过这一次。这是他《惊心动魄的一幕》在全国获奖，也是他第一次获奖。后来的几次获奖，包括茅盾文学奖，他再没激动过。"[20]

此后，秦兆阳与路遥之间不仅是编辑和作家的关系，更是心灵上相知相通的忘年交。秦兆阳是典型的中国知识分子，既没有官气，也没有迂腐气。他在编辑岗位上的辛勤付出大大超过了在文学创作上所花的心血。路遥曾直言，是秦兆阳"手把手地教导和帮助我走入文学的队列"的。而秦兆阳与路遥、蒋子龙等一批作家的交往，也足以说明他无愧于"文坛伯乐"这个雅称。他是路遥心中的"中国当代的涅克拉索夫"，其一生确实可以称得上是中国当代文学编辑史的缩影。

1985年冬天，正当路遥在铜川的大山里埋头写作《平凡的世界》时，突然接到一个长途电话，得知秦兆阳夫妇来陕西访问，路遥立即放下手头的工作并联系赶回西安的车。车到半路，连绵的阴雨使矿区通往外界的路都中断了。众人帮忙，又联系坐上一辆有履带的拖拉机，准备通过另一条简易路出山。结果因山路湿滑被阻七个小时不能越过，最终只能无奈返回。这使路遥痛感愧疚和难过。直到临终之前，路遥还牢记着这件事。他在《早晨从中午开始》里向这位尊敬的老人深深致歉，祈求得到秦老的谅解：

这时候，有人给我打来一个长途电话，说秦兆阳先生和他的老伴来西安了。

这消息使我停下了笔。

几乎在一刹那间，我就决定赶回西安去陪伴老秦几天。当然，在当时的状态中，即使家里的老人有什么事，我也会犹豫是否要丢下工作回去料理。但是，我内心中对老秦的感情却是独特而不可替代的。

…………

如果没有他，我也许不会在文学的路上走到今天。在很大的程度上，《人生》和《平凡的世界》这两部作品正是我给柳青和秦兆阳两位导师交出的一份答卷。[21]

注释：

1. 路遥:《柳青的遗产》,《路遥全集 散文卷:早晨从中午开始》,北京十月文艺出版社2019年版,第141页。

2. 王天乐:《〈平凡的世界〉诞生记》,榆林路遥文学联谊会编著:《纪念路遥文集 不平凡的人生》,2003年,第118页。

3. 路遥:《病危中的柳青》,《路遥全集 散文卷:早晨从中午开始》,北京十月文艺出版社2019年版,第85页。

4. 路遥:《早晨从中午开始》,《路遥全集 散文卷:早晨从中午开始》,北京十月文艺出版社2019年版,第383页。

5. 王天乐:《苦难是他永恒的伴侣》,李建军编:《路遥十五年祭》,新世界出版社2007年版,第192—195页。

6. 王蓬:《横断面:文学陕军亲历纪实》,西安出版社2016年版,第16页。

7. 路遥:《病危中的柳青》,《路遥全集 散文卷:早晨从中午开始》,北京十月文艺出版社2019年版,第83页。

8. 路遥:《漫谈创作》,《路遥全集 散文卷:早晨从中午开始》,北京十月文艺出版社2019年版,第188页。

9. 路遥:《柳青的遗产》,《路遥全集 散文卷:早晨从中午开始》,北京十月文艺出版社2019年版,第140页。

10. 路遥:《柳青的遗产》,《路遥全集 散文卷:早晨从中午开始》,北京十月文艺出版社2019年版,第143页。

11. 秦兆阳（1916—1994）:湖北黄冈人,时任北京《当代》杂志主编。

12. 袁惠慈（1922—2007）：祖籍广东清远，1922年1月生于香港，1949年任香港《华侨时报》编辑。1950年调入北京中央侨务委员会工作，1953年调入中国新闻社工作，1985年在中国新闻社福建分社离休。

13. 程文：《陕北的博大　生命的光辉——路遥生命里程中的二十位扶助者（二）》，《名作欣赏》2022年第1期。

14. 海波：《人生路遥》，广东人民出版社2019年版，第44页。

15. 梁向阳：《路遥传》，人民文学出版社2015年版，第122—123页。

16. 路遥：《早晨从中午开始》，《路遥全集　散文卷：早晨从中午开始》，北京十月文艺出版社2019年版，第384页。

17. 《当代》编辑部：《编后小记》，《当代》1980年第3期。

18. 本刊编辑部：《永远纪念我们的主编兆阳同志》，《当代》1994年第6期。

19. 秦兆阳：《要有一颗热情的心——致路遥同志》，《中国青年报》1982年3月25日。

20. 转引自梁向阳：《路遥〈惊心动魄的一幕〉的发表过程及其意义》，《文艺报》2013年12月16日第11版。

21. 路遥：《早晨从中午开始》，《路遥全集　散文卷：早晨从中午开始》，北京十月文艺出版社2019年版，第383—385页。

「人生」成名

七

被当作神经质的人

1980年《当代》杂志第3期刊登了路遥的中篇小说《惊心动魄的一幕》。1981年5月17日,路遥在写给好友海波的信中谈道:"我的中篇《惊心动魄的一幕》今天收到通知,已获首届全国优秀中篇小说二等奖。我二十三号动身去北京领奖(二十五号开大会)。这是一件对我绝对重要的收获。"[1] 5月25日,路遥在北京参加了颁奖大会。

在首届全国优秀中篇小说颁奖大会上,路遥结识了时任中国青年出版社副总编辑王维玲(1932—2019)。当时,王维玲负责联系陕西片区的作家,经他编辑出版了不少陕西作家的长篇小说、中短篇小说集和散文集,他也是柳青《创业史》的责任编辑,可以说和陕西当代文学渊源颇深。

王维玲当时担任首届全国优秀中篇小说奖的评委,当他看到入围的作品中有署名路遥的《惊心动魄的一幕》后,缘于自己与陕西文学界的特殊感情,就首先挑出来阅读。读完之后,他"为路遥高兴,也为陕西文学界高兴,我确信这是一部有特色、有水平的作品"。[2]

作为文坛新星,路遥在此次颁奖大会上并没有得到新闻出版界的采访和约稿,王维玲说他特别留意了一下路遥,"个头不高,敦敦实实,显得十分健壮。一脸淳朴憨厚相,不了解他,不与他接触,谁也感觉不到他的艺术气质和才华"[3]。但王维玲觉得受冷落的路遥身上透露出一种"专注"与"上进心"。由此,王维玲和路遥有了一次推心置腹的交谈,从此两人便结下了不解之缘。

在这次交谈中,路遥说他准备花大力气写一部中篇小说。据王维玲回忆:"他(路遥——引者注)告诉我,他熟悉农村生活,也熟悉城市生活,但两者相比,他最熟悉的是农村和城市'交叉地带'的生活,他曾长时间的往返其间,生活在这一领域,他自己就是一个既带着'农村味',又带着'城市味'的人,他试图在这个生活领域里,作一次较深的探索……我对他说,对于一个献身于文学事业的人来说,如同参加一场马拉松竞赛,不是看谁起跑得快,而是看后劲,我口气坚决,态度也坚决,敲定了这部书稿。路遥深受感动,一口应允。"[4]

这就是路遥《人生》最初的约稿。王维玲后来才知道,实际上路遥早在1979年就动笔了，但由于构思不成熟，只是开了个头，就写不下去了。1980年又重写了一次，还是因为开掘不深，又放下了。1981年春天的这次交谈，起了催生的作用，坚定了路遥创作这部小说的信心。路遥从北京回到西安以后，心里一直在翻腾，他把日常编辑工作安排好后，便又一次返回陕北，住进甘泉县招待所的一间普通的客房里，一连苦斗了21天……

就在这个招待所，路遥用21个昼夜完成了13万字的小说《人生》的初稿。路遥曾说："细细想想，迄今为止，我一生中度过的最美好的日子是写《人生》初稿的二十多天。在此之前，我二十八岁的中篇处女作已获得了全国第一届优秀中篇小说奖，正是因为不满足，我才投入到《人生》的写作中。"[5] 谈到《人生》创作时，路遥说："有一天晚上，写德顺爷带着加林和巧珍去县城拉粪，为了逼真地表现这个情节，我当晚一个人来到城郊的公路上走了很长时间，完了回到桌面上，很快把刚才的印象融到了作品之中，这比想象得来的印象更新鲜，当然也更可靠。"[6]

在如何看待创作这一点上，路遥和他的导师柳青有着惊人的一致。1955年冬，柳青为了写好《创业史》的"题叙"，常常半夜从中宫寺跑到王曲西头的马号里去，问马槽边上的姚老汉一些问题。有时夜深了，柳青也就睡在饲养室里。为此，姚老汉不解，私下给人说"柳青好像有神经病哩"。

在这21天中，作家"路遥"与《人生》的故事同时发生。时任甘泉县委宣传部副部长、文化馆馆长的张弢（1946—2010），在这期间，拉上路遥到家里改善伙食，做路遥喜欢吃的陕北家常饭，同时会给路遥讲笑话、故事，算是给路遥找一种放松休息的机会。刘巧珍刷牙刷得"满嘴里冒着血糊子"这个故事，就是路遥之前从张弢处听来后先写成一个3000字的短篇小说《刷牙》，曾刊于甘泉县文化馆内部文学刊物《泉》杂志（1979年第2期）。后来，路遥在写《人生》时巧妙地移植到了刘巧珍身上。

有一天，路遥自带的"凤凰"牌香烟抽完了，急得团团转。时任甘泉县委宣传部通信员的杨子民，满县城帮路遥找这种牌子的香烟，找遍县城就是没有找到。最后，杨子民鼓足勇气向时任甘泉县委书记乔尚法"汇报"，后终于找到全县仅有的两条"凤凰"牌香烟。路遥拿到香烟后，激动地说："救命烟，这稿子一定能成！"

作家白描在延安休假时，得知路遥在甘泉创作，专程去看望路遥。白描回忆，只见小小屋子里烟雾弥漫，房门后铁簸箕里盛满了烟头，桌子上扔着硬馒头，还有一些麻花和酥饼。创作中的路遥头发蓬乱，眼角黏红，夜以继日地写作，以致手臂疼得难以抬起。[7]路遥住的套间前后房子里摆得满是书籍和资料,为了不使这些凌乱的资料"有序"起来,路遥告诉招待所的工作人员,不要动这些东西,也不用打扫房子。进入创作的关键时期,路遥有时半夜在招待所院子转圈走。路遥这一反常的举止,让时任招待所的白所长犯了疑心,白所长给甘泉县委打去电话,说这个青年人可能神经错乱,怕要"寻无常"(指蓄意或自愿采取各种手段结束自己生命的行为)。甘泉县委指示,那人在写书,别惊动他。

写完《人生》初稿后,路遥"由于久坐,他的两条腿发僵而抬不起来,由于营养跟不上,加上睡眠不足,神经出现紊乱,嘴角溃烂,大小便不畅,脸色又黄又肿,就像生了一场大病"[8]。但无论怎样,路遥此时终于了却了一桩多年的心愿。

路遥带着初稿在延安、榆林转了一圈。在延安,他与高建群一席长谈。高建群回忆:《人生》完成后,路遥从甘泉回到延安。"那天晚上,延安城铺满了月光。我们两个像梦游者一样,在大街上返来复去地走到半夜。'中国文学界就要发生一件大事!'他说,他指的是那一包《人生》书稿。"[9]

"我相信她一定能感动上帝"

路遥离开延安后去了榆林。到榆林后又去了一趟佳县白云山,在白云山抽了一签,签名叫"鹤鸣九皋",是出大名之意。返回西安路过铜川时,路遥把小说念给当时在铜川煤矿当工人的弟弟王天乐听。读完小说后,路遥流着眼泪说:"弟弟,你想作品首先能如此感动我,我相信她一定能感动上帝。"

回到西安后,路遥便给王维玲写信告知已完成初稿。9月21日,王维玲收到路遥的来信。路遥在信中写道:"我现在给您谈谈我的中篇,这个中篇是您在北京给我谈后,初稿已完,约十三万多字,主题、人物都很复杂,我搞得很苦,很吃力,大概还得一个多月才能脱稿,我想写完后,直接寄您给我看看,这并不是要您给我发表,只是想让您给我启示和判断,当然,这样的作品若能和读者见面,我是非常高兴的,因为我们探讨的东西并不一定会使一些同志接受。我写的是青年题材。我先给您打个招呼,等稿完后,我就直接寄给您。"[10]

李小巴回忆,路遥从陕北回来后,和林达来他家时说到了他刚完成的《人生》,他觉得比前两部《惊心动魄的一幕》《在困难的日子里》都好。"林达说,她读原稿时都哭了。"[11]

没过多久,10月17日,王维玲又收到路遥的来信。

> 您的信鼓舞和促进了我的工作进度。现在我把这部稿子

寄上,请您过目。

这部作品我思考了两年,去年我想写,但准备不成熟,拖到今年才算写完了。……我自己想在这个不大的作品里,努力试图展示一种较为复杂的社会生活图景,人物也都具有复杂性。我感到,在艺术作品里,生活既不应该虚假地美化,也不应该不负责任地丑化。生活的面貌是复杂的,应该通过揭示主要的矛盾和冲突,真实正确和积极地反映它的面貌,这样的作品才可能是有力量的。生活在任何地方都不会是一个平面;它是一个多棱角的"立锥体",有光面的,也有投影,更多的是一种复杂相互的折射。

问题还在于写什么,关键是怎么写,作家本身的立场——可以写"破碎"的灵魂,但作家的灵魂不能破碎。

已经谈得太多了,也不一定正确,只是自己的一些认识,不对处,请您批评。至于这部作品本身,您会判断的。我等着您的意见。[12]

王维玲回忆:"我怀着无比喜悦的心情,很快就把《人生》初稿读完了。我又请编辑室的许岱、南云瑞看了这部书稿。他们与我一样,同样是怀着巨大的热情和浓厚的兴趣读完这部书稿的。之后我们坐在一起,认认真真地进行了一次讨论。现在回忆起当年那种对作者的真挚的感情和对作品的炽热的激情，还感奋不已。大家一致认为稿子已十分成熟，只是个别地方还需要调整一下，结尾较弱，如能对全稿再作一次充实调整、修饰润色，把结尾推上去，则这又会是路遥一部喜人之作。"[13] 王维玲当即又给路遥写了封回信：

路遥同志：

近来好！我和编辑室的同志怀着极大兴趣，一口气把你的中篇读完了。你文字好，十分流畅，又有强烈的生活气息和时代特色，让我们一读起来就放不下。虽然我生活在城市，对今天的农村生活变化不很了解，但读你的作品时，没有一点陌生的感觉，就像全都是发生在我身边的事一样，让我关心事件的发展，关心人物的命运，为你笔下人物的遭遇和命运，一时兴奋，一时赞叹，一时惋惜，一时愤慨，我的心，我的情，完全被你左右了。读完你的作品，让我对你的创作更加注目和关心，对你的文学才华更加充满信心。我相信，你今后一定还能写出更为喜人的，同时也是惊人的作品，我期望着，等待着！

《生活的乐章》出版以后，会在文学界和青年读者中引起重视和反响。就我们看到的近似你这样题材的作品，还没有一部能达到这样的艺术水准。为使你的作品更加完美，我们讨论了一下，有几点想法提供给你参考。

①小说现在的结尾,不理想,应回到作品的主题上去。……

②关于巧珍。这是一个非常可爱的人物,应该贯彻始终。……

③关于马栓,对他的性格描写还不够统一,他出场时,给人的印象是一个善于逢迎拍马,很会投机钻营,滑头滑脑的人,但在结尾和巧珍成亲时,又是一个朴朴实实,讲究实际,心地善良的青年农民形象。前后要统一,还是把他写得朴实可爱一点好。

④关于加林,总的说来,写得很好,但有几个关键转折之处,还显得有些表面,发掘不深。……

⑤德顺爷爷写得实在可爱,但他与加林的父亲到县里找加林说理,为巧珍抱不平等描写又过于简单,分量不够,应再深一点、重一点才好。

以上意见提供给你参考,想好后,修改起来也很便利。总的来说,不伤筋、不动骨,也没大工程,只是加强加深,加浓加细,弥补一些漏洞,使人物的发展更加顺理成章,合理可信。

关于下一步有两种考虑:一是你到我社来改,有一个星期时间足够了。二是先把稿子给刊物上发表,广泛听听意见之后再动手修改,之后再出书。我个人倾向第一种方案。现在情况你也知道，常常围绕作品中个别人物，个别情节，争论不休，使整个作品在社会上的影响受到伤害。我想，发表的作品和出书的作品都应该尽可能地避免这种情况发生才好。不知我的这些想法，你以为如何？

祝好！

王维玲

1981年11月11日[14]

很快，王维玲又收到路遥的回信，路遥在来信中说："非常高兴地收读了您的信，感谢您认真看了我的稿子，并提出了许多宝贵意见。我同意您的安排。我想来出版社，在你们的具体指导下改这部稿子，因为我刚从这部作品中出来，大有'身在庐山'之感。我现在就开始思考你们的意见。您接我的信后，可尽快给丕祥和鸿钧写信。估计他们会让我来的。"[15] 王维玲与王丕祥、贺抒玉（贺鸿钧）是老朋友，王丕祥、贺抒玉当时主持《延河》杂志的工作，对文学创作，特别是对青年作者一直持热情扶持的态度。王维玲给两人去信以后，路遥就来北京改稿了。

1981年12月，路遥在中国青年出版社客房部修改这部小说。王维玲回忆："他大约在这间房住了十天左右，期间有一个星期的时间，他竟没有离开过书桌。累了，伏案而息；困了,伏案而眠,直到把稿子改完抄好。""修改后的《人生》很理想,我很快就定稿发排了。……当时这部小说的名叫《生活的乐章》,我们都觉得不理想,但一时又想不出一个更好的名字,约定信件联系。"[16]就这样,路遥在北京修改完这部小说,离开北京小说定稿后,小说名还没有最后确定。

1982年1月6日,王维玲收到路遥的信,商讨关于小说的名字。"南云瑞转给我一封路遥的来信,信里写道:'我突然想起一个题目,看能不能安在那部作品上,《你得到了什么?》或者不要问号。有点像柯切托夫的《你到底要什么?》格式有点相似,但内涵不一样。……我和南云瑞一起讨论了路遥的来信,他提出的书名,虽然切题,但套用《你到底要什么?》太明显了。我从路遥稿前引用柳青的一段话里,看中了开头的两个字'人生'。想到'人生'既切题、明快,又好记。大家都觉得这个书名好,于是便初步定下来,我写信征求路遥的意见。"[17]在这封信里,王维玲还鼓励路遥写《人生》的续集,甚至叫路遥尽快开始动笔,趁热打铁,一鼓作气干下去。

1月11日,路遥给海波复信。路遥在信中告知海波,自己已从北京中国青年出版社改稿回来了。在这次通信中,路遥还没有最终确定小说的名字,但是提到在甘泉创作的那部中篇,中国青年出版社评价很高,已决定出版,并先在刊物上发表。

1月31日,王维玲收到路遥的来信,路遥在信中说:

您的信已收读,想到自己进步微小,愧对您的关怀,深感内疚,这是一种真实的心情,一切都有待今后的努力,争取使自己的创作水平再能提高一点。

关于那部稿子的安排,我完全同意您的意见,一切就按您的意见安排好了。你们对这部作品的重视,使我很高兴。作品的题目叫《人生》很好,感谢您想了好书名,这个名字有气魄,正合我意。至于下部作品,我争取能早一点进入,当然一切都会很艰难的,列夫·托尔斯泰说过:"艺术的打击力量应该放在作品的最后"(大意),因此这部作品的下部如果写不好,将是很严重的,我一定慎重考虑,认真对待。一旦进入创作过程,我会随时和您通气,并取得您的指导。上半年看来不行,因为我要带班。

这几天我的小孩得肺炎住院,大年三十到现在感情非常痛苦,就先写这些,有什么事情您随时写信给我。[18]

小说《人生》的名字经过商讨,终于确定下来了。为了扩大《人生》的社会影响,王维玲想着在正式出版单行本前,先在一家有影响的刊物上重点推出。但他不知路遥对此有何想法，于是就在去信中说明了自己的考虑，同时再一次提起《人生》下篇的写作，希望路遥尽快开始。之后，王维玲便把小说《人生》转到了上海《收获》编辑部。

4月2日，路遥给王维玲复信。

非常高兴地收读了您的信……我感到极大的愉快，也使我对所要进行的工作更具有信心，同时也增加了责任感；仅仅为了您的关怀和好意，我也应该把一切做得更好一些。对于我来说，各方面的素养很不够，面临许多困难需要克服，精神紧张，但又不敢操之过急。不断提高只能在不断的创作实践过程中才能实现，您的支持是一个很大的动力。

关于《人生》的处理我很满意，您总是考虑得很周到，唯一不安的是我的作品不值得您这样操心，这决不是自谦。为此，我很感激您。

我上半年一直忙于发稿，一切写作方面的计划，只能在下半年开始，如果搞专业，条件将会好一些，可以更深入地研究生活，研究艺术，光处于盲目的写作状态是不行的，面对一个题材要反复地思考，这是我的习惯。我今后的工作进展，随时都会告诉您的。但我不愿经常无谓地打扰您。[19]

不久，《收获》杂志便于当年第3期首篇重点推出路遥的

《人生》，旋即引起社会各界巨大反响。

"我的生活完全乱了套"

1982年5月8日，路遥在延安参加《在延安文艺座谈会上的讲话》发表40周年纪念活动。时任中国作协西安分会主席的胡采率领包括陈忠实（1942—2016）在内的七八个刚刚跃上新时期文坛的陕西青年作家赴会。陈忠实回忆："在这次会上，得知路遥的《人生》发表。会后从延安回到灞桥镇，当天就拿到文化馆里订阅的《收获》，几乎是一口气读完了这部十多万字的中篇小说《人生》。读完时坐在椅子上是一种瘫软的感觉，显然不是高加林波折起伏的人生命运对我的影响，而是小说《人生》所创造的完美的艺术境界，对我正高涨的创作激情是一种几乎彻底的摧毁。"[20]

同年8月23日，路遥给王维玲写信，再次表达真诚感谢：

> 《人生》得以顺利和叫人满意的方式发表，全靠您的真诚和费心费力的工作造成的。现在这部小说得到注意和一些好评，我是首先要感谢您的。实际上，这部小说我终于能写完，最先正是您促进的。因为写作的人，尤其是大量耗费精力的

作品，作者在动笔时不可避免地要考虑自己劳动的结果的出路。因为我深感您是可靠的、信任我的，我才能既有信心，又心平气静地写完了初稿。现在的结果和我当时的一些想法完全一样。您总是那么真诚和热忱，对别人的劳动格外地关怀，尤其是对我，这些都成了一种压力，我意识到我只能更严肃地工作，往日时不时出现的随便态度现在不敢轻易出现了。

南云瑞不断地向我转达了您的一些意见，尤其关于《人生》下部的意见。这是一个很重要的问题，需要我反复思考和有一定的时间给予各方面的东西的判断。我感到，下部书，其他的人物我仍然有把握发展他（她）们，并分别能给予一定的总结。唯独我的主人公高加林，他的发展趋向以及中间一些波折的分寸，我现在还没有考虑清楚，既不是情节，也不是细节，也不是作品总的主题，而是高加林这个人物的思想发展需要斟酌处，任何俗套都可能整个地毁了这部作品，前功尽弃。

鉴于这种状况，我需要认真思考，这当然需要时间，请您准许我有这个考虑的时间，我想您会谅解我的。我自己在一切方面都应保持一种严肃的态度，这肯定是您希望我的。本来，如果去年完成上部后，立即上马搞下部，我敢说我能够完成它，并且现在大概就会拿出初稿来了。但当时我要专心搞好本职工作。八月一日已正式宣布让我搞专业，这部作品一下子中间隔了一年,各方面的衔接怎能一下子完成呢?但所有这一切苦处只能向您诉诉。我为失去这段黄金般的工作时间(最佳状态)常忍不住眼睛发潮!因为要造成一种极佳的精神状态和工作状态多么地难啊!

我现在打算冬天去陕北,去搞什么?是《人生》下部还是其他?我现在还不清楚,要到那里后根据情况再说。

另外,我还有这样的想法:既然下部难度很大,已经完成的作品也可以说是完整的,那么究竟有无必要搞下部?这都应该是考虑的重要问题。当然,这方案,我愿意听从您的意见。

我也有另外的长篇构思,这当然需要做许多准备才可开工。

《人生》书稿听南云瑞来信说征订数为十二万册,叫我大吃一惊,我原来根本不敢想上十万册。不知最后确定的印数为多少?您估计什么时候能出书?请您告诉我一下。另外,您对我还有些什么要求,也请告诉我。

又及:《人生》目前的情况是我个人收到五六十封读者来信了,还继续有;几乎有七八个电视台和我联系要改电视剧,许多读者寄来了他们改编的影、视本。我不"触电"。评论方面:除《中国青年报》外,《文汇报》已有作品介绍;陕报准备发两千字(算是破格)的文章;《文论报》创刊号将发阁纲和我的通讯;《文艺报》听说已发了文章。另外，曾镇南、白烨等同志都表示想写文章。西安多数同志对这作品有较高评价。还有个有趣现象：一般说，似乎这部作品文学界不同观点的两方都能接受——这是未料到的。[21]

1982年12月，《人生》单行本正式由中国青年出版社出版发行，首印13万册，上市不久就脱销，第2版印了12.5万册，一年后又印了7200册，总印数26.22万册。

1983年1月，《青年文学》1983年第1期刊发了一组关于《人生》的评论文章：唐挚《漫谈〈人生〉中的高加林》、蒋荫安《高加林悲剧的启示》、小间《人生的一面镜子》等。同时期，《作品与争鸣》在1983年第1、2期上刊登《中篇小说〈人生〉及其争鸣》(上、下)：席扬《门外谈〈人生〉》、谢宏《评〈人生〉中的高加林》、陈骏涛《谈高加林形象的现实主义深度——读〈人生〉札记》、王信《〈人生〉中的爱情悲剧》、阎纲《关于中篇小说〈人生〉的通信》。由此可以看出，路遥的《人生》在当时的文坛刮起了怎样一场风暴。

2月28日，王维玲收到路遥的复信。在信中，路遥直言《人生》火爆之后，自己生活方面的一些困惑。

自《人生》发表后，我的日子很不安宁，不能深入地研究生活和艺术中的一些难题。尽管主观上力避,但有些事还是回避不了,我希望过一段能好一点。

关于写作,目前的状况给我提出了高要求,但我不可能从一个山头跳到另一个山头,需要认真的准备和摸索,而最根本的是要保持心理上的一种宁静感,不能把《人生》当作包袱。

这部作品光今年元月份就发表了十来篇评论,看来还可能要讨论下去,就目前来看,评论界基本是公正的。作品已经引起广泛关注,再说,作品最后要经受的是历史的考验。《青年文学》所发三篇评论都看了,唐挚的文章写的很好。

我一直想给《青年文学》搞个差不多的作品,但老是弄不好,人往往是这样,太看重什么事,精神就紧张,反而搞不好,您就不必再提说这件事了,我实际上在心里一直当作一个重要任务。一旦搞出一个差不多的作品,一定寄上求正,因为我和你们的这种关系,请您相信我说的都是实话。[22]

3月10日,中国作协西安分会召开路遥中篇小说《人生》座谈会,有作家、小说编辑20余人出席本次座谈会。当月,《人生》获第二届全国优秀中篇小说奖,名列第四。

路遥在《早晨从中午开始》中曾这样描述小说《人生》发表、获奖之后的情景:

我的生活完全乱了套。无数的信件从全国四面八方蜂拥而来，来信的内容五花八门。除过谈论阅读小说后的感想和种种生活问题文学问题，许多人还把我当成了掌握人生奥妙的"导师"，纷纷向我求教"人应该怎样生活"，叫我哭笑不得。更有一些遭受挫折的失意青年，规定我必须赶几月几日前写信开导他们，否则就要死给我看。与此同时，陌生的登门拜访者接踵而来，要和我讨论或"切磋"各种问题。一些熟人也免不了乱中添忙。刊物约稿，许多剧团电视台电影制片厂要改编作品，电报电话接连不断，常常半夜三更把我从被窝里惊醒。一年后，电影上映，全国舆论愈加沸腾，我感到自己完全被淹没了。另外，我已经成了"名人"，亲戚朋友纷纷上门，不是要钱，就是让我说情安排他们子女的工作，似乎我不仅腰缠万贯，而且有权有势，无所不能。更有甚者，一些当时分文不带而周游列国的文学浪人，衣衫褴褛，却带着一脸破败的傲气庄严地上门来让我为他们开路费，以资助他们神圣的嗜好，这无异于趁火打劫。[23]

这一切，都是路遥始料未及的。

《人生》提高了路遥的知名度

1983年,由张钟龄改编、颜宝臻绘的连环画版《人生》由天津人民美术出版社出版发行。

时隔一年,1984年7月3日,电影《人生》在北京试映后,由文化部电影局《电影通讯》编辑室与中国青年报社邀请首都文艺界、电影界部分领导、专家及大学生代表座谈讨论其思想成就和艺术特色,并探讨了如何使影片通过适当修改更趋完美的问题。

9月,电影《人生》首映。12月21日,陕西省文化文物厅举行颁奖大会,奖励在第四届夏威夷国际电影节获奖的西影厂新片《没有航标的河流》,同时对电影《人生》摄制组也进行了奖励。陕西省委、省政府、省人大的领导出席了本次颁奖大会。

1984年12月,由马慧改编,高廷智、张省莉绘的《人生》连环画由陕西人民美术出版社出版发行。

1985年,电影《人生》荣获第八届大众电影百花奖最佳故事片奖,刘巧珍的扮演者吴玉芳获得第八届大众电影百花奖最佳女演员奖。同时,电影《人生》申报参加奥斯卡电影金像奖"最佳外语片奖"的评选,这是中国内地电影首次参加奥斯卡奖项的争夺。从此以后，我国电影局每年都会选送一部优秀华语片参加奥斯卡"最佳外语片奖"候选。

可以说，伴随着《人生》小说、连环画、电影的发表、出版与上映，路遥在全国的知名度不断上升。1985年5月18日，路遥给王维玲写信："《人生》这部作品，提高了我的知名度。这两年我一直为一部规模较大的作品做准备工作，我痛苦的是：我按我的想法写呢，还是按一种'要求'写呢？或者二者兼之呢？后两种状态不可能使我具备创作所需要的激情，前一种状况显然还要遭受无穷的麻烦，对一个作家来说，真正的文学追求极其艰难。当然，一切还取决于我自己，我一直在寻找勇气。年龄稍大一点，顾虑就会多一些，我想我还是可能战胜自己的。"[24]

《人生》发表后，路遥在给评论家阎纲的信中首先谈到小说《人生》是要反映"城乡交叉地带"的社会生活，其次是要在"夹缝"中锻炼走自己道路的能力和耐力，同时也向尊敬的前辈作家交出一份不成熟的作业。路遥还说："我国当代社会如同北京新建的立体交叉桥，层层叠叠，复杂万端。而在农村和城市的'交叉地带'（这个词好像是我的'发明'——大约是在你和胡采同志主持的西安地区作家座谈农村题材的那个会上说的），可以说是立体交叉桥上的立体交叉桥。……现代生活方式和古老生活方式的冲突，文明与落后,现代意识与传统观念的冲突,等等,构成了当代生活的一些极其重要的方面。这一切矛盾在我们社会的政治、经济、文化、思想意识、精神道德方面都表现了出来,又是那么突出和复杂。"[25]

青年导演贾樟柯在谈到《人生》时说,我上中学时看路遥的《人生》,里面就在说户籍问题,(20世纪)80年代文学作品提出的问题,我们到现在还在谈。

从路遥整体作品来看,以《人生》《平凡的世界》两部代表作发表的时间来看,《人生》可视为路遥创作生涯的一个分界线。《人生》发表前,当时文学界拨乱反正,作家的创造性劳动得到极大的鼓励,这对于心性刚强的路遥来说,均构成了巨大的冲击。路遥一边冷静地审视着文坛动向,一边认真思考与创作。直到中篇小说《惊心动魄的一幕》在《当代》杂志1980年第3期发表后,他在陕西文学界坐冷板凳的际遇才有所改变,接着《人生》的发表给路遥带来了前所未有的名声与社会各界的关注。如果《人生》之前为路遥的准备期,那么,《平凡的世界》就是路遥的成熟期。《人生》发表后带来的各种名气和压力下不断"劳动"和"超越"自我的焦虑最终使路遥"决定要写一部规模很大的书",即为后来的《平凡的世界》。可以说《人生》的创作为日后创作长篇小说《平凡的世界》找到了现实灵感。

注释：

1. 路遥：《810516 致海波》，《路遥全集 剧本·诗歌·书信卷：人生》，北京十月文艺出版社2019年版，第194页。

2. 王维玲：《岁月传真——我和当代作家》，首都师范大学出版社2009年版，第302页。

3. 王维玲：《岁月传真——我和当代作家》，首都师范大学出版社2009年版，第302页。

4. 王维玲：《岁月传真——我和当代作家》，首都师范大学出版社2009年版，第303—304页。

5. 路遥：《早晨从中午开始》，《路遥全集 散文卷：早晨从中午开始》，北京十月文艺出版社2019年版，第343页。

6. 路遥：《答〈延河〉编辑部问》，《路遥全集 散文卷：早晨从中午开始》，北京十月文艺出版社2019年版，第180—181页。

7. 白描：《写给远去的路遥》，李建军编：《路遥十五年祭》，新世界出版社2007年版，第131页。

8. 王维玲：《岁月传真——我和当代作家》，首都师范大学出版社2009年版，第304—305页。

9. 高建群：《相忘于江湖》，北京时代华文书局2017年版，第80页。

10. 王维玲：《岁月传真——我和当代作家》，首都师范大学出版社2009年版，第305页。

11. 李小巴：《留在我记忆中的》，晓雷、李星编：《星的陨落——关于路遥的回忆》，陕西人民出版社1993年版，第168页。

12. 王维玲:《岁月传真——我和当代作家》,首都师范大学出版社2009年版,第306页。

13. 王维玲:《岁月传真——我和当代作家》,首都师范大学出版社2009年版,第306页。

14. 王维玲:《岁月传真——我和当代作家》,首都师范大学出版社2009年版,第307—309页。

15. 王维玲:《岁月传真——我和当代作家》,首都师范大学出版社2009年版,第309页。

16. 王维玲:《岁月传真——我和当代作家》,首都师范大学出版社2009年版,第313页。

17. 王维玲:《岁月传真——我和当代作家》,首都师范大学出版社2009年版,第313页。

18. 王维玲:《岁月传真——我和当代作家》,首都师范大学出版社2009年版,第314页。

19. 王维玲:《岁月传真——我和当代作家》,首都师范大学出版社2009年版,第314页。

20. 陈忠实:《陈忠实文学回忆录》,广东人民出版社2020年版,第100—101页。

21. 王维玲:《岁月传真——我和当代作家》,首都师范大学出版社2009年版,第315—316页。

22. 王维玲:《岁月传真——我和当代作家》,首都师范大学出版社2009年版,第317—318页。

23. 路遥:《早晨从中午开始》,《路遥全集 散文卷:早晨从中午开始》,北京十月文艺出版社2019年版,第342页。

24. 王维玲:《岁月传真——我和当代作家》,首都师范大学出版社2009年版,第321页。

25. 路遥:《820821 致阎纲》,《路遥全集 剧本·诗歌·书信卷:人生》,北京十月文艺出版社2019年版,第203页。

深入生活

八

"酝酿一部大书"

一场大雪之后,清晨6点的西安街道上空无一人。一夜未睡的路遥拉着弟弟王天乐来到西安大差市十字路口。王天乐高兴地躺在厚厚的积雪上,看雪从天空飘落而下,路遥则一本正经地登上十字路口的交警台,一脸严肃地打起手势,指挥起了过往的车辆。王天乐后来回忆说,这是他第一次看到"路遥这种彻底的孩童般的样子",把躺在雪地里的王天乐逗得在雪地里来回打滚。就在这时,路遥忽然一个立正的姿势,面朝陕北的方向,"足足站了有半个小时"。突然,路遥似乎从思考中惊醒,大叫了一声:"天乐,你快起来,我有话对你说。"他这一声,把弟弟王天乐"吓得""出了一身冷汗,以为出了什么大事了"。路遥说:"你赶快起来,咱俩马上回去收拾东西,离开西安。我有重大事情要告诉你。"于是,他们背着行李,冲向了火车站。

路遥起初并没有明确的目的地,到了火车站才临时决定去兰州。于是,兄弟二人买了两张去往兰州的卧铺票,一起登上了开往兰州的火车。

抵达兰州后,路遥在下榻的宾馆冲了一杯咖啡,之后对王天乐说:"昨天早上我突然来了一个大灵感。这个灵感很早就来过多次,但好像我一直抓不住它。昨天早上终于把它抓住了,激动得我气都上不来。"路遥接着说道:"实际上我们多年来的对话,一直是围绕这部大书的。是的,我要写一部大书,就像柳青说的那一种大书。是向陕北的历史作交代的一部大书。我要从咱村子写起,写到延安,写到铜川,一直写到西安。我的主人公就是沿着你走过的曲折道路,一直走向读者。通过你的生活经历,带出上百个人物,横穿中国1975年到1985年的十年巨大变革时期。作品要在一百万字以上,这是我四十岁前献给故土的礼物。"[1]

路遥和王天乐在兰州住了15天。其间,路遥和王天乐在交谈构思中,绘制小说的地貌草图,分列人物表和地名表,讨论主人公在事件中的行为等。后来王天乐回忆,这一切都是在"万分激动的情绪中展开"的。"小说《黄土》《黑金》《大城市》全部大框架就完成了(书名后来改成《平凡的世界》),也可以说,兰州,完成了最初的《平凡的世界》的草图。但后来才知道,对于《平凡的世界》来说,万里长征还没有迈出第一步。"[2]

之后,路遥和王天乐开始"转战陕北",他们在每个县住10天左右,主要是待在房间里面说故事。据王天乐回忆,"有一天,在安塞县招待所,发烧四十度,一边挂吊针,一边给路遥讲叙'双水村的偷水事件'。我的一位朋友目睹了全过程。他说路遥是大地主刘文彩,你病成这个样子,他还向你'收租子'"[3]。

不久,王天乐从煤矿调到《延安日报》当记者。此时,路遥开始查阅资料,翻阅了1975年至1983年《人民日报》《光明日报》《陕西日报》《参考消息》《延安日报》的全部合订本,一张一张地翻,遇到重要的事件就记录下来,遇到重要的文章就将其复印下来。路遥的双手因翻报纸已经磨出了血色,吃饭时手痛得连筷子都握不住。这算是《平凡的世界》第二个阶段的准备工作时期。

冬去夏至,路遥带着王天乐继续在陕北乡下奔波。路遥对王天乐说:"要了解一年四季庄稼、草、野花、树林等等的生长变化情况。是啊,假如'孙少平'和'田晓霞'四月份来到'古塔山',你说'古塔山'周围长的什么庄稼,开的什么花?"[4]

其间,王天乐拿30元回铜川与梁志结婚,路遥暂住铜川宾馆。王天乐于婚后第二天就与路遥一同返回延安,他们按计划,穿上破旧的衣服,一起在东关揽工。王天乐之前有过揽工的经历,因为能吃苦有了好名声,招工的工头一眼就认出了他。他们在工地干了三天活,本来一人一天10块工钱,因为路遥干活不行,被扣了20元,只挣到10元钱,所以三天下来,路遥和王天乐一共赚了40元钱。[5]之后,他们将这笔具有纪念意义的钱寄给了清涧的父亲。

后来,路遥在创作《平凡的世界》的过程中,就把"孙少平"的经历引到了煤矿。因为对煤矿生活不熟悉,所以路遥就在铜川选了王天乐的妻哥所在的鸭口煤矿,这样也好有个照应。

1985年8月20日至30日,中国作协陕西分会召开长篇小说创作座谈会,会议采取边参观访问边座谈讨论的方式,在延安和榆林两地举行。参加这次会议的有陈忠实、贾平凹、京夫、李国平等作家、编辑家、评论家30多人。会议的主要议题是了解近年来国内外长篇小说创作的水平和发展概况,分析陕西长篇小说创作的情势及落后的原因,制订陕西三五年内长篇小说创作的规划与设想。

当时,第一、二届"茅盾文学奖"评奖组织部门要求各省推荐参评作品,但陕西省连续两届都推荐不出一部长篇小说。对此,陈忠实在《寻找属于自己的句子》中曾说道:"不是挑选过于严厉,而是截止到1985年夏天,陕西新老作家尚无一部长篇小说创作出版(1978年文艺复兴以来)……确定无疑的是，路遥在这次会议结束之后没有回西安，留在延安坐下来起草《平凡的世界》第一部。实际上路遥早在此前一年就默默地做着这部长篇小说写作的准备了。"[6]

路遥在这次长篇小说创作座谈会上有过一段见解独到的发言："小说，尤其是长一点的作品的创作，考验作家的，不是艺术上的东西，而是作家观察生活的着眼点和理解生活的能力，作家仅'一度进入生活'还不够，还要'二度进入生活'。'一度进入生活'，凭艺术直觉，可以产生激情；'二度进入生活'，则可纠正前者的片面性和对生活的表面的倾向性，用理性眼光去观察生活，保持作家的'中性'状态，以便更接近生活本身，更接近真实。就是说'二度进入生活'可以产生冷静。好多作品没有绝妙的东西，就因为作家没有'二度进入生活'的深刻认识。"[7]这种对作家"进入生活"的深刻认识，正反映了路遥的文学创作观。这基于他对自己此前创作的深刻反思与文坛现状的细致观察。

路遥坦言，近年来国内长篇小说并没有给他带来满足，他没有这种印象。事实上，这个阶段路遥已完成了创作长篇小说之前的所有准备工作。而这部长篇小说是自1982年发表中篇小说《人生》之后，路遥一直酝酿着的一部大书——《平凡的世界》。

1982年，迎来纪念《在延安文艺座谈会上的讲话》发表

40周年,路遥就结合自身经历与文学界现状表达了自己的思考。他说,在新的时代里从事文艺创作,面临一个重要问题,就是怎样继承以往的传统和理论遗产。面对历史,路遥不乏辩证精神。他认为"我们应该用严肃的态度认真学习和继承《讲话》中那些宝贵的遗产","只有这样,我们才可能有新的创造,新的发展"。他呼吁文艺工作者"遵照《讲话》的精神,深入到人民群众的实际生活和斗争中去,深入到他们的心灵中去,永远和人民群众的心一起搏动,永远做普通劳动者中间的一员,书写他们可歌可泣可敬的历史——这是我们艺术生命的根"。同时,在新的历史条件下,在已经发生巨大变革的生活里,文艺创作理论也要丰富与发展。[8]结合路遥的大量创作来看,对于生活的深入思考,对于时代变迁的跟踪描摹,对于普通劳动者的刻画与讴歌,等等,可以说都体现出他对于延安文艺精神的自觉继承与弘扬。

煤矿生活

1985年8月24日,中共铜川矿务局委员会组织部下发了一份名为《关于路遥同志任职的通知》的文件,文件下发到省煤炭厅组干处,铜川矿务局机关各部、委、处、室以及公司。此通知的内容是:"中国作家协会陕西分会党组成员、副主席路遥同志来我局需较长时间体验生活搞创作，为了方便工作，根据中国作协陕西分会党组建议，经中共铜川矿务局委员会 1985 年 8 月 21 日常委会会议研究同意：路遥同志兼任局党委宣传部副部长。"

路遥在《早晨从中午开始》中也曾提到选择到煤矿写作的原因："我决定到一个偏僻的煤矿去开始第一部初稿的写作。这个考虑基于以下两点：一、尽管我已间接地占有了许多煤矿的素材，但对这个环境的直接感受远远没有其他生活领域丰富。按全书的构想，一直到第三部才涉及煤矿。但我知道，进入写作后，我再难中断案头工作去补充煤矿的生活。那么，我首先进入矿区写第一部，置身于第三部的生活场景，随时都可以直接感受到那里的气息，总能得到一些弥补。二、写这部书我已抱定吃苦牺牲的精神，一开始就到一个舒适的环境去工作不符合我的心意。煤矿生活条件差一些，艰苦一些，这和我精神上的要求是一致的。"[9]

正如路遥所说，他在创作之初进入鸭口煤矿后主动要求下矿井，头上戴着矿灯和矿工们一起下井劳动，与矿工交朋友。完全置身于真实的生活场景，"随时都可以感受到那里的气息"，提前熟悉了煤矿的一切，这为日后写作《平凡的世界》第三部"深入生活"，收集到了更为详尽的第一手素材。路遥不由得感叹煤矿工人的辛苦："只有在井下生活过的人，才会懂得光的价值，才会珍惜阳光下的生活。"

熟悉了一段时间环境与矿工的生活后，路遥选择了去距铜川市西北大约有70公里的陈家山煤矿，此矿位于庙湾村，相比鸭口煤矿要更偏远一些。在路遥正式抵达陈家山煤矿之前，矿上研究决定在距离矿区不远的矿医院，为他找了一间写作的工作室。这是二楼一间用小会议室临时改成的工作室，室内陈设简单，只有一张桌子、一张床、一个小柜以及对路遥用处不大的塑料革沙发。亦如路遥所说："我既然要拼命完成此生的一桩夙愿，起先就应该投身于艰苦之中。实行如此繁难的使命，不能对自己有丝毫的怜悯之心。要排斥舒适，要斩断温柔，只有在暴风雨中才可能有豪迈的飞翔；只有用滴血的手指才有可能弹拨出绝响。"[10]

路遥就在这间房间里，开始了《平凡的世界》第一部的写作。霍世昌回忆："路遥主要体验生活的地点，在鸭口煤矿和陈家山煤矿，而且他在矿区跑了好多地方。鸭口煤矿，应该是路遥住的时间比较长的，且对整个矿区了解比较多的地方。他作品里面好多鲜活的人物形象就来自矿区。"[11]

某一天，正在延川采访的王天乐接到路遥的电话。路遥在电话中告诉王天乐，正式动笔三天了，小说无法开头，急得他吃不下，睡不着。路遥的工作间里，除了一桌、一椅、一柜、一组沙发和地上的一堆废纸外，稿纸上竟未留下只言片语。王天乐想了一会儿告诉路遥:"你平静点,现在就好像你进了孕妇产房一样,生下生不下谁都救不了你。"就这样聊了一会儿,路遥最后说:"如果三天内不打电话,就是把小说的头开了。这三天,你不能离开县招待所。"王天乐回忆:"我在延川,就像受惊的兔子一样待了三天。电话一响,我就万分紧张。规定的日期过去了,电话没来。我高兴地把我的另一个好朋友记者摔倒在地,告诉他,晚上我请客,我哥的小说开头了,说完我失声痛哭。"[12] 在此,我们不妨摘录《平凡的世界》里开头的一段文字,重温这个感动千万读者的经典开头:

一九七五年二三月间,一个平平常常的日子,细濛濛的雨丝夹着一星半点的雪花,正纷纷淋淋地向大地飘洒着。时令已快到惊蛰,雪当然再不会存留,往往还没等落地,就已经消失得无踪无影了。黄土高原严寒而漫长的冬天看来就要过去,但那真正温暖的春天还远远地没有到来。[13]

在陈家山煤矿进入写作当中,路遥的早晨已从中午开始。午饭,一般两个馒头一碗稀饭。这里的"老鼠多得惊人",成为他房间的常客,有时竟跑到写字台对面,目不转睛地盯着路遥写作,也有时为他表演奔跑技巧,他的房间简直成了它们的"迪士尼"乐园。写到凌晨时，有时吃上一个冷硬的馒头，有时会喝一杯咖啡填一填肚子。睡下后，时常感觉第二天起不来了。但一觉醒来，体力稍有恢复，路遥又立即从床上爬起来，用热水洗把脸，痛饮一杯咖啡，再次坐在书桌前开始新一天的写作。

1985年是农历乙丑年，这一年是路遥的本命年，他的一生与牛有着莫名的缘分。作家史铁生在北京第一次见到路遥时，觉得他"就像陕北的黄牛，停住步伐的时候便去默默地咀嚼，咀嚼人生"[14]。而在王安忆的记忆中，她在中国作协西安分会时，对路遥做过一次心理测验："被测算的对方迅速报出一只动物，然后报出由此动物所想起的形容词，报完一只动物，再报一只，一直报三只为止。我们说第一只动物的形容词是你对自己的描绘；第二只动物的则是别人对你的描绘；第三只却是实际上的你自己。我们看出路遥接受这测试是出于不使我们扫兴，带有捧场的意思。他脸上带着温和宽容的微笑，像一个听话的好学生，一一回答我们的提问，然后耐心地等待我们破译。当我们说到第三个动物的形容词其实意味着实际上的自己的时候，路遥不由'哦'了一声，脸上的笑容消失，眼神变得严肃了。我记得路遥第三个想到的动物是牛，他形容牛用了沉重、辛劳一类的字眼。"[15] 而路遥认为："文学创作的艰苦性还在于它是一种创造性的劳动，任何简单的创造都要比复杂的模仿困难得多。"[16]由此可见路遥对劳动的认可,而属"牛"的他恰恰是"一个普通劳动者"。

1985年年底,路遥完成了《平凡的世界》第一部的初稿。其间,王天乐拿着《平凡的世界》第二部、第三部的写作提纲,在采访中不断寻找和小说中对得上号的人物。于是,地委书记"田福军"等人的形象就出现了。"在这一年当中,我相对轻松。路遥在陈家山煤矿写完第一部的三分之二后,剩下的章节就跟我在陕北转着写。"[17]

"转战陕北"

1985年年底前,路遥带着20多万字的《平凡的世界》第一部的初稿回到西安。春节后,开始进入修改工作,直至定稿。

《平凡的世界》第一部定稿后,路遥将手稿转交给来西安组稿的《当代》杂志的青年编辑周昌义。周昌义大概看了三分之一,就退还给路遥,以"《当代》积稿太多,很难满足路遥的三点要求"为由退稿。事实上,他觉得这部稿子读不下去。后来周昌义坦言:"再经典的名著,我读不下去,就坚决不读……后来陈忠实的《白鹿原》,我也没读下去。得了茅盾文学奖,我也没再读。"[18]周昌义退稿后不久,作家出版社的编辑潘青萍来西安组稿，路遥又将《平凡的世界》第一部的手稿交给了她。潘青萍读后不满意，觉得不适应时代潮流，属于传统的"恋土派"，同样予以退稿。自从参加过1984年3月中国作协在河北涿县召开的农村题材小说创作座谈会和1985年8月中国作协陕西分会召开的长篇小说创作座谈会后，路遥几乎与当时的文坛隔绝了。于是，路遥叫来弟弟王天乐，两人花了10多天的时间，翻阅了一下当时的主流文学期刊，他们认为，"中国文坛当时出现了'意识流'、'魔幻现实主义'，而且这种文体就像感冒一样，发展很快"。[19]

这时，《人生》的责任编辑、时任中国青年出版社副总编王维玲得知消息后，便将这部书稿推荐给了中国青年出版社编辑李向晨。路遥一直觉得中国青年出版社是他的"人生"福地，对此抱有一定的期待，但李向晨并没有对路遥有所回应。

1985年前后出现了被评论界称之为"85新潮"的创作潮流。"先锋"文学在宽松文艺政策的影响下，受到了前所未有的礼遇，马原、残雪、余华、孙甘露、苏童、格非等青年作家纷纷登上文坛。尚在解放军艺术学院文学系就读的莫言，因在《中国作家》1985年第2期发表中篇小说《透明的红萝卜》而一举成名。此前作为主流的现实主义文学面临以西方现代主义为思想核心的新潮文学的挑战，路遥的《平凡的世界》代表着传统现实主义文学流脉，遇到冷落是再自然不过的事。但是，正如路遥一年多前在河北涿县农村题材小说创作座谈会上的发言一样，"我不相信全世界都成了澳大利亚羊"。

面对出版困境，就在路遥陷入悲壮而愤激之时，一位年轻的编辑也来到西安组稿，她的到来就好像是上帝安排好似的。

中国文联出版公司编辑李金玉负责向西北地区作家组稿，重点是长篇小说。1985年秋天，李金玉曾到西安组过一次稿，因路遥当时正在铜川写作，未能见面。春节过后，李金玉再次来到西安，这次她终于见到了路遥。她向路遥约稿，路遥当时并未明确表态。

1986年5月，李金玉来到西安，再次向路遥约稿。李金玉的真诚和执着终于感动了路遥，路遥通过《延河》杂志的编辑徐子心转告她，愿意将《平凡的世界》第一部交予她出版。一个月后，李金玉终于拿到了《平凡的世界》第一部的书稿，当她通读全书时，便情不自禁地被这部小说的宏伟气魄和深刻内涵所震撼，认为"这是一部不可多得的好作品，书中表现的经历苦难的人们不向苦难低头、积极向上的精神和美好的道德情感深深地感动着我"[20]。

6月10日，李金玉将中国文联出版公司的约稿合同交给路遥（当时路遥为这部书取名为《普通人的道路》），路遥欣然提笔在合同上签上了自己的名字。6月25日，李金玉在中国文联出版公司审稿签字单上，正式签下她的审读意见，而书名也改为了《平凡的世界》。7月7日，李金玉在中国文联出版公司发稿单上，写下了这样的意见："这是一部全景式地表现当代城乡社会生活的长篇小说，封面设计气势应该大一些，风格是写实的。"7月16日，李金玉在中国文联出版公司装帧设计通知单上，对《平凡的世界》的内容大要写道："这是一部全景式地表现当代城乡社会生活的长篇小说。全书共三部。作者在近十年间的广阔背景上，通过复杂的矛盾纠葛，刻画了社会各阶层众多普通人的形象，深刻地展示了普通人在大时代历史进程中所走过的艰难曲折的道路。"紧接着，该书的二审顾志成、三审宋文郁先后都签字同意出版。7月18日，李金玉在中国文联出版公司图书出版合同上，代表公司签字同意出版路遥的《平凡的世界》。与此同时，评论家、《小说评论》杂志主编王愚向好友——广州《花城》杂志副主编谢望新（1945—　）大力推荐路遥的这部新作《平凡的世界》。[21]为此，谢望新特意从广州飞到西安来见路遥，并对书稿进行了认真的审读，他认为"这部小说主题鲜明，气势恢宏，立意深刻，耐人寻味，确实是近年来长篇小说中难得的好作品"[22]，于是决定在《花城》杂志第6期上发表。路遥觉得,"一稿两发,多挣点稿费,弄点烟火钱"。弟弟王天乐为此打趣他说:"这才是现实主义作家。"[23]

路遥后来在《早晨从中午开始》也提到此事并满怀感激:"我至今仍然怀着深深的敬意感谢当时《花城》杂志的副主编谢望新先生和中国文联出版公司的李金玉女士,他们用热情而慷慨的手接过了这本书稿,使它能及时和读者见面。"[24]

1986年12月,中国文联出版公司出版了《平凡的世界》第一部的精装与平装两种版本,这部书第一版的印数是19400册(据李金玉回忆,当时公司内部规定,一部书的征订数低于1万册,将不予开机印刷)。[25] 接着,小说第一部发表于广州《花城》杂志1986年第6期。之后,《花城》联合《小说评论》在北京召开座谈会,据参会的人说,"大家私下的评价不怎么高哇"[26]。

路遥后来回忆:"第一部发表和出版后的情况在我的意料之中。文学界和批评界不可能给予更多的关注。……不过,当时还是有一些我国重要的批评家给予第一部很热情中肯的评论。这里我主要指出北京的三位,他们是蔡葵、朱寨和曾镇南。……我国几位当代重要批评家的理解,使我在冷落中没有丧失信心。当然,从总的方面看,这部书仍然是被冷落的。……总之,第一部的发表和出版,没有给我带来什么大欢乐,也没有遭受巨大打击的感觉。它只带来某种刺激,促使我以更饱满的精神状态投入下面的工作。"[27]

正是在这样的一种背景下,路遥又转战延安地区的西北角吴旗县(今吴起县),开始了《平凡的世界》第二部初稿的写作。时任吴旗县委副书记的张益民是路遥延川中学时的同学,两人年轻时关系密切。陕北是路遥的大后方、根据地,在这里他有着最熟悉的朋友圈与广泛的人脉关系。依靠这些深厚的关系,他转战于陕北多地的宾馆和招待所临时搭建的写作工作室。在吴旗县,张益民把路遥安排在县武装部的一个小窑洞里。窑洞里即使是"三伏天"也都阴凉得沁人肌肤,路遥每天不得不生一个小时的小火炉。陕西省作家协会的木子曾这样描述路遥当时在吴旗的写作环境:"那里一孔普通的窑洞,内放一张单人床,桌子上堆了一些书籍,放着几块掰碎的干馍,几包咖啡、半袋当地出品的粗糙饼干。我不觉心里有说不出的不知是惊讶,还是难过。我问他,他说这些东西是为赶不上招待所的饭准备的。他每天都在下午三四点钟开始写东西,一直写到第二天凌晨才睡下,赶他中午一时以后起床,饭时早过了。我劝他想办法要吃顿正饭,他说他这种反差习惯已经很难改过来。"[28]就是处于这样的背景与环境下,路遥在吴旗完成了《平凡的世界》第二部的初稿。在第二部接近尾声时,王天乐让路遥回到延安宾馆。这里全天供应热水,路遥每天都可以洗一个热水澡。写完初稿,回到西安后，让王天乐万万没想到的是，"路遥在写到第二部完稿时，忽然吐了一口血，血就流在了桌子上。这张桌子就在中国作家协会陕西分会平房的临时办公室"。王天乐不禁感慨："此时的人们，根本不知道陕西的一名作家就要走向生命的终点了。"而此时的路遥，"完全倒下了"，还要弟弟王天乐永远向外界隐瞒他生病的实情。[29]

1987年春，路遥在西安对《平凡的世界》第二部初稿进行抄改。对于《平凡的世界》第二部，路遥依然希望在《花城》杂志发表，还给谢望新写了一封信。由于编辑部人事变动，《花城》杂志最终没有发表《平凡的世界》第二部。《平凡的世界》第二部全文在小说公开出版前一直未在国内任何文学刊物上刊发，不得不说是一件遗憾的事情。

与此同时，李金玉履行承诺，在《平凡的世界》第一部评价不高的情况下，她所在的中国文联出版公司愿意继续为路遥出版《平凡的世界》第二部。但由于这部书的征订数不足1万册，李金玉找到出版社印刷部的负责人邢培元，经过沟通，才使得这部书得以开机印刷。路遥为此深深感动，在他看来，在没有一家出版社愿意出版《平凡的世界》的前提下，正因为有李金玉扛着各种舆论压力与风险，才使《平凡的世界》能够顺利出版并与读者见面。[30]完成《早晨从中午开始——〈平凡的世界〉创作随笔》后，路遥直接给李金玉邮寄了一份书稿复印件。经过李金玉的争取，中国文联出版公司提前给路遥支付了一部分稿费。因此，路遥将李金玉视为生命中的一个"恩人"。此书因篇幅和征订数等问题，迟迟未能出版，直到路遥去世后才开印（1993年5月），不过印数较少，只有2000册，这都是后话了。

写完《平凡的世界》第二部第二稿，路遥先后在榆林、西安等地看病，这在《早晨从中午开始》中有着详细记述："开始求医看病。中医认为是'虚'。听起来很有道理。虚症要补。于是，人参、蛤蚧、黄芪等等名贵补药都用上了。三伏天的西安，气温常常在三十五度以上，天热得像火炉一般，但我还要在工作间插起电炉子熬中药。身上的汗水像流水一样。……过去不重视医药，现在却对医药产生了一种迷信，不管顶事不顶事，喝下去一碗汤药，心里就得到一种安慰；然后闭目想象吃进去的药在体内怎样开始和疾病搏斗。但是，药越吃病越重。一个更大的疑惑占据了心间：是否得了不治之症？"[31]

1987年10月，路遥再一次转战陕北，来到榆林城。王天乐在文章里写道，《平凡的世界》第三部第一稿必须放在一个条件较好的地方去写。因为路遥的身体已经没有多少资本了。路遥最担心的是住不起宾馆，房费和伙食费太贵，最后找了"榆林的一位大领导朋友"，才解决了这种担忧。[32] 后来我们知道，路遥在时任榆林地委书记霍世仁和榆林行署专员李焕政的帮助下，免费入住榆林宾馆，这才解决了食宿问题，在相对优越的环境里，抱病开始了《平凡的世界》第三部的写作。路遥深知自己的身体状况："就当时的身体状况，没有这个条件，要顺利完成最后一部初稿是不可能的。"其间，路遥得到榆林老中医张鹏举（1916—1988）的医治。在张老的调理下，路遥的身体渐渐有所复原，随即又投入到紧张而庄严的创作中。

据王天乐回忆："写《平凡的世界》第三部时，路遥在感情和经济方面到了山穷水尽的地步。有时长达半年没有一次性生活，自己作品里的漂亮女人们是他最好的情人。他经常一边流泪，一边写作，到了后来眼睛三天两头出毛病。有一天，我正在洛川县采访，路遥突然打电话到报社，让我速到榆林，我以为他的身体出了新问题，赶快奔赴榆林，一进房子，他对我说田晓霞死了。半天我才反应过来这是他作品中的人物。"[33]

1988年1月27日，路遥在榆林宾馆完成了《平凡的世界》第三部的初稿。路遥曾在《早晨从中午开始》中如此描述："春节前一个星期，身体几乎在虚脱的状态下，终于完成了第三部的初稿。其兴奋是无法用语言表达的。"[34]带着初稿，返回西安，能赶上和女儿一块过一个充实的春节，这对路遥来说是最庆幸的一件事。过完春节不久，路遥开始在中国作家协会陕西分会大院的工作间（木子房间——笔者注）又投入第二稿的写作：

为了不受干扰，在机关院子借了一间别人搁置不用的房间。房间是老式的，据说有七八十年的历史，冬无暖气夏不透风，里面呈长方形，采光很不好，白天也得开两个灯。资料、书籍、生活用具都各就其位，固定不变，感觉完全是一个手工作业的工场。这里在别人看来是乱七八糟，在我眼里则是"井井有序"。[35]

1988年3月27日12点30分开始，《平凡的世界》第一部在中央人民广播电台AM747频道《长篇连播》节目准时播出，此后进行了为期126天的连播。演播艺术家李野墨富有磁性的男中音，透着一些深沉、粗犷与豪放，《平凡的世界》第一部随着电波传到了千家万户，在全国引起惊人反响。

4月，《平凡的世界》第二部由中国文联出版公司出版。这部书第一版的印数是9101册，当年9月第二次印刷的印数是1.9万册。[36]

当《平凡的世界》第三部抄改工作进入最后部分时，路遥突然想将这最后的工作放在陕北甘泉县去完成。路遥觉得这是一种命运的暗示。因为在那里,他曾写出过自己初期的重要作品《人生》,那是他的一块"风水宝地",一种人生的纪念。路遥后来自述:"此刻我要回到那个亲切的小县城去。一旦产生这种热望,机关院子里就一天也待不下去,似乎有一种神秘的力量在召唤我远行。于是,一天之内就赶到了甘泉。……在我的一生中,需要记住的许多日子都没能记住,其中也包括我的生日。但是,一九八八年五月二十五日这个日子我却一直没能忘记——我正是在这一天最后完成了《平凡的世界》的全部创作。"[37]

5月25日,路遥终于在他的"人生"福地甘泉县招待所里为《平凡的世界》第三部画上了最后一个符号,他站在桌前把手中的那支圆珠笔从窗户里扔了出去。他来到卫生间,用热水洗了洗脸,"我看见了一张陌生的脸,两鬓竟然有了那么多的白发,整个脸苍老得像个老人,皱纹横七竖八,而且憔悴不堪"。[38]弟弟王天乐曾说,"路遥是不惜生命也要完成《平凡的世界》第三部"。

同年5月,山西《黄河》杂志主编珊泉(本名周山湖,1947—)得知路遥《平凡的世界》第二部无法发表时,便专程前往西安拜会路遥,希望能拿到《平凡的世界》第二部书稿。路遥被珊泉的诚意所感动,决定将《平凡的世界》第三部交给《黄河》杂志发表。为了等候路遥交稿,珊泉特意将当年的《黄河》杂志第 3 期推迟 20 天发稿。因此，5 月 25 日，《平凡的世界》第三部完稿后，路遥不顾劳累得近乎虚脱的身体，离开陕北甘泉县，从延安出发，途经延川县、清涧县、绥德县，然后从吴堡县东渡黄河，抵达山西。

5 月 28 日，途经清涧县王家堡老家时，路遥和王天乐顺路回到家里。王天乐还记得："路遥在家指着厚厚的 10 本稿子说：'爸爸，这是我写的书。'只见我父亲在纸上摸了一摸说：'你受苦了。'路遥一下就感动得把身子转过去了。我知道，《平凡的世界》一、二部发表后，评论家们写了那么多高深的评论文章来质疑路遥，但加起来的分量，也没有我父亲的四字深刻！"[39] 他们在家稍做停留后，就奔赴太原。他们到山西黄河杂志社见过珊泉后，在太原冶金招待所（迎泽大街）住了三天。在这三天里，路遥几乎足不出户，对书稿进行最后的修改润色，直到定稿，然后郑重地把书稿的复印件交给了珊泉。在太原期间，路遥受到主编珊泉和副主编张发、编辑部主任秦溱等人的设宴招待，真切地感受到了《黄河》编辑部的热情接待，内心充满感动。

之后，路遥离开太原赶赴北京。6 月 1 日，他按之前的约定，准时来到中央人民广播电台，将《平凡的世界》第三部手稿交到了叶咏梅的手上。路遥后来曾回忆道："当我和责任编辑叶咏梅以及只闻其声而从未谋面的长书播音员李野墨一起坐在中央台静静的演播室的时候,真是百感交集。我没有想到,这里已经堆集了近两千封热情的听众来信。我非常感谢先声夺人的广播,它使我的劳动成果及时地走到了大众之中。"[40]

连续奋战多年,终于完成了100多万字的长篇小说《平凡的世界》。1988年7月25日,延迟出刊的《黄河》杂志第3期隆重刊发了《平凡的世界》第三部。8月3日,为期126天的连播、126集的长篇小说《平凡的世界》在中央人民广播电台连播结束。据中央人民广播电台统计,《平凡的世界》当年的直接受众达3亿之多,创造了央广《长篇连播》节目听众来信数量之最,甚至影响到了评论界的专家学者,从而逆转了对《平凡的世界》的评价。而《平凡的世界》在当年首播时,第一部是成书,第二部是校样,第三部直接就是手稿。而且这第三部的手稿是路遥在身体极度衰弱的情况下完成的。

1989年10月,中国文联出版公司出版了《平凡的世界》第三部,这部书第一版的印数是1.05万册。自此,《平凡的世界》三部全部出版,正如路遥给责编李金玉信上所说:"我像'阿Q'一样,尽量把圆画圆。"[41]

1991年3月14日,当路遥得知《平凡的世界》荣获第三届茅盾文学奖之后,在《生活的大树万古长青》中写到了他六年的劳动和所要感谢的人:"《平凡的世界》对我来说已经成为过去。六年创作所付出的劳动，和书中那些劳动者创造生活所付出的艰辛相比，不值一提。但是，我要深深地感谢花城文学杂志社及谢望新，黄河文学杂志社及珊泉，中央人民广播电台及叶咏梅，特别感谢中国文联出版公司及本书的责任编辑李金玉，他们热情而慷慨地发表、播出和出版了这本书，才从书中的故事又回到了创造这些故事的人们中间。"[42]

如果说《平凡的世界》是在深入生活、扎根人民中进行了无愧于时代的创造，那么路遥笔下这群以陕北众多人物为原型的形象，则写出了一个时代的人的精神。时至今日，这些形象饱满、情感丰沛的人物形象仍然能够深深地打动读者，为读者继续传递着不朽的精神养分。

在内心深处，路遥最想感谢的人是他的四弟王天乐："我得要专门谈谈我的弟弟王天乐。在很大程度上，如果没有他，我就很难顺利完成《平凡的世界》。他像卫士一样为我挡开了许多可怕的扰乱。从十几岁开始，我就作为一个庞大家庭的主事人，百事缠身，担负着沉重的责任。此刻天乐已自动从我手里接过了这些负担，为我专心写作开辟了一个相对的空间。"[43]

注释:

1. 王天乐:《〈平凡的世界〉诞生记》,榆林路遥文学联谊会编著:《路遥纪念文集 不平凡的人生》,2003年,第114页。

2. 王天乐:《〈平凡的世界〉诞生记》,榆林路遥文学联谊会编著:《路遥纪念文集 不平凡的人生》,2003年,第115页。

3. 王天乐:《〈平凡的世界〉诞生记》,榆林路遥文学联谊会编著:《路遥纪念文集 不平凡的人生》,2003年,第117页。

4. 王天乐:《〈平凡的世界〉诞生记》,榆林路遥文学联谊会编著:《路遥纪念文集 不平凡的人生》,2003年,第118页。

5. 张艳茜:《平凡世界里的路遥》,陕西人民出版社2012年版,第224页。

6. 陈忠实:《寻找属于自己的句子》,上海文艺出版社2009年版,第3—4页。

7. 张艳茜:《平凡世界里的路遥》,陕西人民出版社2012年版,第225页。

8. 路遥:《严肃地继承这份宝贵的遗产》,中共陕西省委宣传部文艺处编:《五月的杨家岭》,陕西人民出版社1985年版,第151—153页。

9. 路遥:《早晨从中午开始》,《路遥全集 散文卷:早晨从中午开始》,北京十月文艺出版社2019年版,第369页。

10. 路遥:《早晨从中午开始》,《路遥全集 散文卷:早晨从中午开始》,北京十月文艺出版社2019年版,第369页。

11. 张艳茜:《平凡世界里的路遥》,陕西人民出版社2012年版,第 226 页。

12. 王天乐:《〈平凡的世界〉诞生记》,榆林路遥文学联谊会编著:《路遥纪念文集 不平凡的人生》,2003 年,第 119—120 页。

13. 路遥:《路遥全集 长篇小说卷 平凡的世界 第一部》,北京十月文艺出版社 2019 年版,第 3 页。

14. 史铁生:《悼路遥》,李建军编:《路遥十五年祭》,新世界出版社 2007 年版,第 150 页。

15. 王安忆:《黄土的儿子》,李建军编:《路遥十五年祭》,新世界出版社 2007 年版,第 163 页。

16. 路遥:《作家的劳动》,《路遥全集 散文卷:早晨从中午开始》,北京十月文艺出版社 2019 年版,第 92 页。

17. 王天乐:《〈平凡的世界〉诞生记》,榆林路遥文学联谊会编著:《路遥纪念文集 不平凡的人生》,2003 年,第 120 页。

18. 周昌义:《记得当年毁路遥》,《文学理论与评论》2007 年第 6 期。

19. 王天乐:《〈平凡的世界〉诞生记》,榆林路遥文学联谊会编著:《路遥纪念文集 不平凡的人生》,2003 年,第 121 页。

20. 转引自程文:《〈平凡的世界〉是怎样问世的》,《名作欣赏》2022 年第 7 期。

21. 转引自程文:《〈平凡的世界〉是怎样问世的》,《名作欣赏》2022 年第 7 期。

22. 航宇:《路遥的时间——见证路遥最后的日子》,人民文学出版社 2019 年版,第 10 页。

23. 王天乐:《〈平凡的世界〉诞生记》,榆林路遥文学联谊会编著:《路遥纪念文集 不平凡的人生》,2003年,第121页。

24. 路遥:《早晨从中午开始》,《路遥全集 散文卷:早晨从中午开始》,北京十月文艺出版社2019年版,第395页。

25. 程文:《〈平凡的世界〉是怎样问世的》,《名作欣赏》2022年第7期。

26. 周昌义:《记得当年毁路遥》,《文学理论与评论》2007年第6期。

27. 路遥:《早晨从中午开始》,《路遥全集 散文卷:早晨从中午开始》,北京十月文艺出版社2019年版,第396—397页。

28. 木子:《和路遥在一起的日子》,晓雷、李星编:《星的陨落——关于路遥的回忆》,陕西人民出版社1993年版,第334页。

29. 王天乐:《苦难是他永恒的伴侣》,李建军编:《路遥十五年祭》,新世界出版社2007年版,第194页。

30. 程文:《〈平凡的世界〉是怎样问世的》,《名作欣赏》2022年第7期。

31. 路遥:《早晨从中午开始》,《路遥全集 散文卷:早晨从中午开始》,北京十月文艺出版社2019年版,第410—411页。

32. 王天乐:《〈平凡的世界〉诞生记》,榆林路遥文学联谊会编著:《路遥纪念文集 不平凡的人生》,2003年,第121页。

33. 王天乐:《苦难是他永恒的伴侣》,李建军编:《路遥十五年祭》,新世界出版社2007年版,第195页。

34. 路遥:《早晨从中午开始》,《路遥全集 散文卷:早晨从中午开始》,北京十月文艺出版社2019年版,第421页。

35. 路遥:《早晨从中午开始》,《路遥全集 散文卷:早晨从中午开始》,北京十月文艺出版社2019年版,第391—392页。

36. 程文:《〈平凡的世界〉是怎样问世的》,《名作欣赏》2022年第7期。

37. 路遥:《早晨从中午开始》,《路遥全集 散文卷:早晨从中午开始》,北京十月文艺出版社2019年版,第423—424页。

38. 路遥:《早晨从中午开始》,《路遥全集 散文卷:早晨从中午开始》,北京十月文艺出版社2019年版,第427页。

39. 王天乐:《父亲·姐姐·路遥》,转引自程文:《泪血和墨兄弟情深——评路遥四弟王天乐遗作兼论路遥兄弟关系》,《名作欣赏》2021年第31期。

40. 路遥:《我与广播电视》,《路遥全集 散文卷:早晨从中午开始》,北京十月文艺出版社2019年版,第305页。

41. 程文:《〈平凡的世界〉是怎样问世的》,《名作欣赏》2022年第7期。

42. 路遥:《生活的大树万古长青》,《路遥全集 散文卷:早晨从中午开始》,北京十月文艺出版社2019年版,第262—263页。

43. 路遥:《早晨从中午开始》,《路遥全集 散文卷:早晨从中午开始》,北京十月文艺出版社2019年版,第368页。

平凡的日子

九

县城文化圈的一件大事

路遥与林达的恋爱持续了六七年。1978年1月25日,路遥和林达在延川举行了婚礼。路遥在《平凡的世界》中这样描述爱情:"没有爱情,人的生活就不堪设想。爱情啊!它使荒芜变为繁荣,平庸变为伟大;使死去的复活,活着的闪闪发光。即便爱情是不尽的煎熬,不尽的折磨,像冰霜般严厉,烈火般烤灼,但爱情对心理和身体健康的男女永远是那样的自然;同时又永远让我们感到新奇、神秘和不可思议……"[1]

林达的好友邢仪回忆:"他们的婚礼是县城文化圈的一件大事,轰动了上百人来送礼。那几天朋友们一起出动,布置新房的,筹备婚宴的,进进出出,忙里忙外。婚礼定在晚上六点举行,人们陆陆续续地来了,宣传部的贺陛在门口招呼着。路遥来了,林达姗姗来迟半小时,她穿了件深紫红色的棉袄罩衫,翻出浅粉色的内衣领子。女知青彦和孟霞陪在左右。文化馆的张仁钟担任司仪,两位新人在事先布置好的讲台后就座。讲台后的墙上正中自然是毛主席的标准像，两旁的对联编得不错，好像是一边'遥'什么什么，一边是'达'什么什么，桌子上摆着两盆开着小花的植物。首先由县文化局局长给新人佩戴大红花，贺陛代表宣传部讲话，李世旺（海波——引者注）代表来宾发言。最后是路遥代表林达致辞，路遥穿着件略显宽大的蓝布制服，新理的头发，有些土气，但精神焕发。可能是过于紧张，林达的脸色苍白，林达与路遥站在众人面前显得挺不自在，他们两人分别都向外拧着身子。有人提议，路遥唱歌林达和诗，但两位新人几经推脱，最后不了了之。不知怎的，气氛就是出不来。简单走了这么几个过场，便开始宴客，新郎新娘巡回敬酒。一个小时后有人开始离席了，经多方筹备、多日操办的婚礼就这么没有悬念地结束了。说没有悬念，是因为我们在农村和县城见识了很多的结婚场面，众人玩闹得翻天覆地，只有你想不到的，没有这群年轻人玩不到的，那样的热闹也着实令人期待啊！"[2]

1979年11月9日，路遥、林达婚后一年多，女儿路远出生了。女儿的名字，源自路遥与林达的笔名程远，他们想以此来纪念他们的爱情，既是两人爱情的结晶，又寄托了对女儿人生的期待——"路漫漫其修远兮，吾将上下而求索"。

林达与路遥从恋爱到步入婚姻，也是一路繁花相伴的美好与幸福。路遥大学时，曾情不自禁地在同学面前表达着对林达的爱意:"我们看到黄河上漂来了一只小木船,路遥马上指着小木船激动地说:'如果船划到咱们这边,我就立马跳上船,漂到延川去看我心爱的林达。'我当即追问他与林达的恋爱故事,然而他马上又将话题引向了我们的实习工作。"³

路遥、林达与路远,本是温馨的三口之家。经常一头扎进文学创作海洋里的路遥,因为工作性质,再加上性格因素,所以经常与普通的家庭生活格格不入。林达是一个现代女青年,具有独立、自由、平等的现代观念。路遥长期写作,养成了外出或晚睡晚起的习惯,而这种习惯使家庭的琐碎与日常生活都让林达一人承担、应付。对林达来说,她没有了理想中的诗一般的生活,而是被柴米油盐的日常琐碎填满,这就为他们的情感走向埋下了伏笔。外出归来的路遥,也深感对家庭有所亏欠,因此变着法子弥补孩子:"在床铺上地板上变作一匹四肢着地的'马'或'狗',让孩子骑着转圈圈爬。"⁴在弥补陪伴孩子的时候,原本田园牧歌、琴瑟和谐的婚后生活,因为二人的性格和习惯的差异,爱情生活出现了矛盾,于是,路遥把所有的爱都给了他最亲爱的女儿。"是的,孩子,我深深地爱你,这肯定胜过爱我自己。我之所以如此拼命,在很大的程度上也是为了你。我要让你为自己的父亲而自豪。……在这些漫长的外出奔波的年月里,我随身经常带着两张女儿的照片。每到一地,在摆布工作间的各种材料之前，先要把这两张照片拿出来，放在最显眼的地方，以便我一抬头就能看见她。即使停笔间隙的一两分钟内，我也会把目光落在这两张照片上。这是她所有照片中我最喜欢的两张。一张她站在椅子上快乐而腼腆地笑着，怀里抱着她的洋娃娃。一张是在乾陵的地摊上拍摄的，我抱着她，骑在一峰打扮得花花绿绿的大骆驼上。"[5]女儿的这两张照片，是路遥外出创作时必须随身携带的物品之一，也是他一生中最钟爱的照片。

路遥逝世后，白描回忆说："在十多年的家庭生活中，路遥和林达后来闹起矛盾，对此外界多有评论，特别在路遥去世后，一段时间林达在道德舆论上面临如山的压力。其实最接近他们夫妇的人，一般都保持沉默，两人都是强性子，路遥以生命作抵押投入文学创作，无论对于自身还是对于家庭都很难顾及，而林达也是一个事业心极强的女性，让她放弃事业心甘情愿地去做一个家庭妇女，那是万万不可能的。……两强相遇，日常磕磕碰碰的事自然难免，其实早在路遥去世前十年，两人的矛盾就曾闹得厉害，甚至考虑过是否分手——这实在是他们性格的悲剧。"[6]

婚姻"围城"

从1985年在铜川煤矿开始《平凡的世界》第一部的写

作,至1988年完成《平凡的世界》第三部,路遥大多时间在"转战陕北"进行创作,只有在春节前,才急匆匆返回西安的家中陪妻子与女儿过春节。春节以后,路遥又要离开妻女以及他所熟悉的环境,再次踏上征程。

因为要写作,路遥常年在外,林达的处境如李白笔下的妻子:"三百六十日,日日醉如泥。虽为李白妇,何异太常妻。"从王天乐的讲述中,我们可以推断,路遥和林达的关系至少在1985年创作《平凡的世界》第一部时就已出现了问题:

他接着满眼泪水对我说:天乐,你知道吗?我半年都没有一次性生活了……[7]

或许,路遥外出写作除了减少不必要的打扰之外,还有一种逃离家庭的想法。正如《围城》中的一句话:"婚姻是一座围城,城外的人想进去,城里的人想出来。"然而,谁又不渴望拥有一份爱的慰藉呢。路遥就曾热烈地袒露过自己的心声:"极其渴望一种温暖,渴望一种柔情。整个身体僵硬得如同一块冰。写不下去,痛不欲生,写得顺利,欣喜若狂。这两种时候,都需要一种安慰和体贴。"[8]

正是在这样的情况下,1986年秋,路遥在吴旗县写作《平凡的世界》第二部初稿时,曾告诉前来看他的王天乐:"这次你来得正好,我休息一天。并告诉你一个重大新闻,我恋爱了。我吃惊地望着兄长,心情万分激动。因为我知道他和我嫂子林达离婚已成定局,只是时间问题。双方早就准备协议离婚了。我当时怕林达一走,路遥一时还找不到合适的对象,让世人笑话,说我家出了个老光棍。我问他,你什么时候开始构筑这项伟大的工程的,我怎么就一点都不知道。路遥说,是闪电式的。他从怀里掏出三封很长的恋爱信,说你先看一下,对她初步有个了解,他说今后她写信就直接由你转我。因为下一步离开吴旗县,路遥又要跟我转战陕北,到各县流动写作了。"[9]

对于路遥来说,王天乐就是他的提奥·凡·高,而路遥就是文森特·凡·高。从路遥写作《人生》前后开始,到《平凡的世界》完成,王天乐一直承担着照料路遥的全部生活、应酬以及对外联络工作。从某种意义上说,王天乐担任着路遥的生活秘书、文学经纪人以及朋友、兄弟等数种职责。王天乐看完三封恋爱信之后将自己的感受如实告诉路遥:"从信上看不出来什么,因为人在恋爱时期,神经都有点不大对劲,所以你很难看透对方的本质。"[10] 路遥告诉王天乐,等完成《平凡的世界》第二部初稿后,他要王天乐陪同他一起去那位女士生活的城市走一趟,算是帮大哥看一趟"媳妇"。

《平凡的世界》第二部初稿完成后,"不久,我(王天乐——引者注)和路遥一块就向他早已想去的城市飞去。一同去看他的'媳妇'了。在那里住了七天后,我和路遥离开了路遥心中的那块圣地。路遥问我怎样。我说不怎样。我发现她身上的小市民气太浓,我历来认为,小市民比小农意识要可怕得多。但我劝路遥继续保持联系。反正你除过写小说,就是找媳妇。第一次婚姻不成功,一定不敢把第二次当儿戏。路遥笑着说,这叫'又战斗,又生产,还要纺线线'"[11]。

路遥这场被王天乐称为"无疾而终"的恋爱持续了不到半年,路遥说那个"媳妇"不行了,和他告吹了。王天乐回忆,他们在洛川县城边上的一个沟畔上,谈了一个下午。最后的结果是,路遥认为只有他《人生》中的"刘巧珍"可能是他自己最好的"媳妇"。关于路遥当时的婚姻问题,王天乐曾对路遥表达过自己的建议:

我认为,让路遥先离婚,再不要维持那个有名无实的家庭了。找一个陕北女孩,不识字最好,专门做饭,照顾他的生活。结果是因为他的女儿路远的问题,路遥又一次放弃了这次生存的机会。[12]

王天乐之所以给路遥这样的建议,正是因为他已经感觉或是了解到"他和我嫂子林达离婚已成定局,只是时间问题。双方早就准备协议离婚了"。王天乐支持路遥在与林达尚未离婚的前提下谈恋爱，完全是因为路遥是他的大哥，他是站在路遥胞弟的角度来支持路遥的。

在海波的眼里，"在写作《平凡的世界》期间，只要他在西安，我每次见他都在同一个地方：空荡荡一个小屋，孤零零一套桌椅，满屋子烟雾弥漫，脚底下烟头成堆，像一个关押犯人的单间。每次见到他都是同一副神态：乱蓬蓬的短发，红巴巴的眼睛，先是迷惘后是惊喜的神情，半是抒发半是呻吟的叹息。每次说的都是同一个话题：孙少安的无奈，孙少平的沉重，孙玉厚的迷茫，孙玉亭的'成精'和石均节的集市、双水村的强人。劳动，劳动，总是劳动"[13]。

从陷入感情危机到婚姻破裂，路遥和林达的这种状态究竟经历了多久，问题的根源又在哪里？据白描回忆："单位派她出门办什么事，别人介绍她'这是路遥夫人，关照点吧'，她就特别反感，似乎她办事必须凭路遥的面子而不是凭自己的能力。"[14] 林达的母亲出生在香港，对她的思想和教育自然不同于土生土长在陕北的路遥，两个家庭的生活习惯反差自然就大，加之路遥大男子主义个性，对林达生活上的关照较少。小路遥12岁的孔保尔自认为是路遥众多朋友中与路遥"谈女人话题，倾吐生活情感最多的一个"。在他看来，路遥《人生》发表至1985年写作《平凡的世界》之前的"婚姻生活和日常生活之苦，是人们闻所未闻的"。路遥是陕北清涧人，林达是福建厦门人,"这一北一南的结合……这个本应该称之为完美的结合却出现了巨大的裂缝,以至于几年时间路遥和林达行同陌路。过惯了夫唱妇随、琴瑟和鸣生活的恩爱夫妻永远都体会不了夫妻反目并且成仇以后,在家庭生活方面产生和带来的艰难与辛酸"[15]。由于和路遥、林达都熟悉,孔保尔也曾受西安电影制片厂张子良(1941—2007)的委托调解两人关系。见到林达后,"切入正题,没有想到,林达听后,泪如雨下,哭着说,你们都说我不好。你们谁知道我这13年是怎么过来的,谁替我想过等等,这是当时的原话,我至今记忆犹新。哎,说不成啊"。当天下午,孔保尔又见到路遥,路遥对孔保尔直言:"和林达不可能重归于好了。"问及原因:

> 他告诉我,他兄弟姐妹多,他们在陕北日子过得很穷,谁揭不开锅了,都要来省城找他们的大哥,都是手足,找到大哥,大哥能不管吗?这个来了,给200块,那个来了,给200块,如遇家里有大事,要花钱,那就给的更多。时间久了,林达就有了意见。

孔保尔还回忆道:

> 有一天下午,他坐在那把烂藤椅上,对我和观胜说,像

我们这种人,专心致志去干一件事情,把它干好,小事情压根就不要去管它,琐碎的事情不是我们干的,就是油瓶倒了都不要去扶。正说着,林达端着一簸箕蜂窝煤从院中走过,往后院家属楼她家的楼上搬运,很显然,林达买了一车煤,三轮车进不了院子,必须一簸箕一簸箕往楼上搬运。见状,我说你还不快去帮嫂子搬煤,他说我刚说过,你咋就忘了。我表示要去帮忙,路遥说,怎么翻译家也是死脑筋。[16]

1983年11月21日,路遥曾给王天乐发去一封急信,催促王天乐由铜川赶快来西安,在信末,他连用几个"快来!快来!快来!"这样的惊叹词,而且"快来"两个字越写越大!可见此事非同小可。[17]

王天乐认为这是路遥《人生》发表之后较为重大的一次灾难:"由于我立马横刀,使路遥又度过了一个重大的人生危机。"[18] 此事不久后,王天乐就调到《延安日报》当记者。后来,王天乐在回忆文章中也曾提到过此事:"就在这个时候,路遥生活中发生了一件重大事件。这个事件差点要了他的命,一直到他生命终点时,这件事还使他揪心万分。请读者原谅,这篇文章里关于路遥很多重大的灾难我暂时还不能写,因为当事人都活着,我不想让这些残酷的经历再折磨活着的人。"[19]

那么,王天乐记述的这个"重大的人生危机"到底是怎样的人生危机呢？从王天乐的叙述中来看，这件事发生在1984年秋天之前，王天乐正式调到《延安日报》之前。如今，路遥和王天乐兄弟二人都已经去世了，我们或许从其他人的叙述中，可以找到一些线索。

1983年秋末冬初，高建群回忆，路遥回到延安，面色铁青，他说，这些天来，他脑子里只回旋着一句话，就是："路遥啊，你的苦难是多么深重呀！"……一些天后，高建群为他写了一首诗《你有一位朋友》（其中有两段）：自然，我们的生活无限美好／歌声总多于忧愁／但是，谁能保证说／我们没有被命运嘲弄的时候／有一天早晨一觉醒来／生活突然出现了怪诞的节奏……[20]

另外，2019年10月30日，白描在"不朽的星辰——路遥诞辰七十周年纪念会"活动上有过这样的讲述：

> 林达是个北京知青，路遥曾说我这一辈子谁都可以对不起，但是绝对不能对不起林达。林达在他最绝望的时候支持他，不光是物质上，他上大学的被子都是她给他缝的。而且主要在精神上，在他绝望的时候支持他。但是有一次他说我现在有一个大的行动，我要粉碎林达的事业心。林达那时候工作忙顾不上家庭，有一次林达回来晚了，……路遥一下冲进去说，你知道我怎么来的？我坐出租车来找你的。远远在

家里饿了,没人做饭。他就掰住林达的手腕,问她回家不回家。当时没有钱,坐出租车是了不得的事情。[21]

1985年秋,路遥在铜川陈家山矿区创作《平凡的世界》的时候,目睹别人家团团圆圆,其乐融融,而他唯有羡慕,那时他已经没有这种幸运了。孔保尔曾听路遥对他说过:"在陕北他有3个情人,其中一个是中学时代的情人……其实,他说的那3个情人都是他结婚前的恋人,而他却给我说成是情人。"[22]关于路遥自己的这种叙述,不知当时出于何种心态,目前只是孤证。而在王天乐的叙述中,路遥在婚内至少是有过"恋爱史"的,只是最后没有结果而已。

关于路遥"重大的人生危机"这个事件有不同版本的叙述,但他们试图证实路遥确实遇到过人生危机,而此阶段路遥中篇小说《人生》改编的电影正在拍摄中,路遥计划的长篇小说也正在酝酿之中。这个"重大的人生危机"对他后来的《平凡的世界》到底有没有影响,我们不得而知。

熟悉小说《平凡的世界》的读者肯定会发现,书中所有女性的婚姻几乎都不如意,或者说是一种残缺的感情状态。而在1984年前,路遥中短篇小说中的女性大多阳光向上、情感纯洁。

1981年秋,路遥从陕北写作《人生》归来以后,与林达一起到李小巴的住处。李小巴回忆：路遥从陕北回来后，和林达来他家时说到了他刚完成的《人生》，他觉得比前两部《惊心动魄的一幕》《在困难的日子里》都好。"林达说，她读原稿时都哭了。"[23] 那时，正是路遥"努力地写东西、出作品、出名声"的阶段，在林达眼里，路遥是不满足于现状、积极向上拼搏的丈夫，是有责任、有担当要为孩子挣得大名声的父亲。而在更早之前，林达因为路遥的中篇小说《惊心动魄的一幕》屡遭退稿还特别托母亲袁惠慈想办法。林达的母亲不负女儿之托，最终把稿子递到了《当代》杂志主编秦兆阳的手中。可以说，那时的林达，在路遥心中就是《在困难的日子里》中的"吴亚玲"：

但吴亚玲的行为无疑给我的精神世界投射了一缕阳光。人要是处在厄运中，哪怕是得到别人一点点的同情与友爱，那也是非常宝贵的。品格低下的人会立即顺蔓摸瓜，把别人的这种同情和友爱看做是解脱自己的救命稻草，一旦抓住了，就会拼命不放；即使叫别人沉没，也要让自己跳出苦海。而对一个稍有道德修养的人来说，就不会是这样。我珍惜这种美好的人情，同样以高尚的心灵给予回报。[24]

几年以后，他们便陷入了"人生危机"，那时的路遥已经开始创作《平凡的世界》。也就是在《平凡的世界》第三部中，路遥让与武惠良结婚数年的杜丽丽爱上了一个诗人。在田润叶看来，杜丽丽与武惠良的婚姻是令她无比羡慕的，可是杜丽丽在30岁那年却爱上了一个叫古风铃的诗人。最终，她的灵魂与肉体一同背叛了婚姻。而小说《人生》中的刘巧珍、《平凡的世界》中的田晓霞皆成了路遥理想中的爱情化身，她们心甘情愿为路遥笔下的高加林、孙少平做出牺牲，甚至路遥以"田晓霞之死"向自己曾经的感情告别。有研究者认为："她们身上隐忍的等待、真诚的处事和善意的呵护，恰恰指向了作家情感生活中的诸多创伤。"而路遥的这种创伤："给人们留下了强烈印象。这些创伤不仅来自肉身的饥饿、疼痛、病患，更来自精神尊严被侮辱的痛苦。'爱情'甚至被剔除了肉欲的成分，成为精神尊严创伤的某种浪漫证明。"[25] 由此我们可以看出，在王天乐所说的"重大的人生危机"之后，路遥的创作确实受到了一定程度的影响。

路遥后来在创作谈《早晨从中午开始》中没有提到林达，却多次谈到了女儿：

因为元旦即在眼前。在那个新旧交替的日子里，为了亲爱的女儿，我也得赶着回去——其实这也是唯一的原因。……
……想着马上就要看见亲爱的女儿，两腿都有点发软。

是的，孩子，我深深地爱你，这肯定胜过爱我自己。我之所以如此拼命，在很大的程度上也是为了你。我要让你为自己的父亲而自豪。我分不出更多的时间和你在一起。即使我在家里，也很少能有机会和你交谈或游戏。你醒着的时间，我睡着了；而我夜晚工作的时候，你又睡着了。你也许并不知道，我在深夜里，常常会久立在你床前，借窗外的月光看着你的小脸，并无数次轻轻地吻过你的脚丫子。……

……我要用最严肃的态度进行这一天的工作，用自己血汗凝结的乐章，献给远方亲爱的女儿。[26]

1987年春，路遥准备出访联邦德国，赴北京办理相关手续。当时，同乡海波正在北京鲁迅文学院学习，为方便见面，路遥住在鲁迅文学院招待所。一天，海波等路遥回来吃饭，但是左等右等就是不见他回来。又过了一个多小时，路遥才面色通红、满头大汗地回来了。路遥吃饭的时候也是狼吞虎咽，把六个馒头、三份炒素菜吃了个一干二净，那个"狼"劲儿简直让海波吃惊。吃完饭后，路遥也不同海波解释什么，直接拉上海波出门打车到王府井的东风市场。到了王府井东风市场，路遥抛下海波，自己一个人在人群里穿插冲撞起来；笔直向前，快步如飞，见物触物，见人撞人；所过之处，人人侧目。一直到很晚，他才回到住处。等情绪平复之后，他呆坐在沙发上,对海波说:"我看见她了。"海波有些奇怪,便问:"谁?"路遥说:"我搭了车准备回来,刚上车就看见那红色的衣服。我感觉像她,就下了车。走过去一看,果然是她。大模样和17年前差别不大,一样的小巧,一样的单纯,一样的礼貌和热情。我们说了一会儿话,非常平静地说话,感觉就像曾经在一块当过民工的熟人一样。"[27]

海波这才明白,路遥是遇到了初恋女友林红了。但是也是从那以后路遥算是对初恋林红彻底放下了,他与初恋的故事就此真的结束了。

海波认为:"路遥和林达的不愉快,主要责任在路遥,而不在林达。当年作为未婚妻时,林达为路遥付出了能够付出的一切:在路遥最困难的时候和他订婚,为了供路遥上大学,使出了所有的力气;婚后甘当陪衬,除了勤勉地维持着这个小家庭外,还尽可能地给路遥的事业以帮助;路遥去世后,面对许许多多的不理解,始终保持着高贵的沉默。毫不夸张地说,如果没有林达的支持,路遥不会有如此成就;如果有,也会付出更多艰辛。"[28]

而在王天乐看来,林达的内心也承受着"心灵灾难":"1992年初,我嫂子林达正式提出了和路遥协议离婚的,对此,我无话可说,我也十分理解林达,她不知提出过多少次要离婚了。作为一个女人,当一名作家的夫人是十分不容易的。天下女子就是找一个农民也不要找作家为丈夫。当作家可能献出生命,但当作家的夫人同样要经受普通女人无法容忍的各种心灵灾难。在这一点上我不恨林达,也不恨路遥。"[29]

当然,路遥通过努力创作的确做到了为自己的大家庭、为女儿挣得一个大名声及社会的尊敬。但作为平凡世界中的普通人,正如路遥在《平凡的世界》中所写:"人生啊,是这样不可预测。没有永恒的痛苦。也没有永恒的幸福。生活像流水一般,有时是那么平展,有时又那么曲折。"[30] 这句话之于路遥与林达,也同样适用。

"兄弟失和"

2019年5月,《当代》杂志第3期刊发了航宇的纪实文学《路遥的时间》;7月,人民文学出版社推出了《路遥的时间——见证路遥最后的日子》(以下简称《路遥的时间》)的单行本。航宇在该书中详尽描写了路遥、王天乐兄弟俩从不和到关系破裂的过程。

关于路遥"兄弟失和"的原因,虽有各种传说流行,但当事人路遥和王天乐生前都避免直接谈起。而航宇在《路遥的时间》一书里用了较大的篇幅详尽地描述了"兄弟失和"的过程。[31]

按照书中的讲述，航宇作为路遥当时住院期间的陪护者之一，可以说是亲历、见证了"兄弟失和"，但航宇并没有在书中具体描述"失和"的根子到底在哪里，他只是抛出了一个"失和"的结论。

《路遥的时间》一书出版后不久，2019年8月28日《中华读书报》第5版刊登了文学评论家李建军的一篇名为《路遥有没有说过那句话？路遥兄弟失和的原委》的文章，一时"兄弟失和"事件引起大众读者和学界的高度关注。三个月后的11月27日，同样还是《中华读书报》第5版又刊发了邰科祥的《多点并证是研究路遥的正途》一文。之后，又有相关的多篇文章先后发表：程光炜的《路遥兄弟失和原因初探》（《南方文坛》2021年第1期）、邰科祥的《路遥家人访谈录》（《大西北文学与文化》2021年第1期）、程文的《泪血和墨 兄弟情深——评路遥四弟王天乐遗作兼论路遥兄弟关系》（《名作欣赏》2021年第31期）等，直接或间接地解开了路遥与王天乐之间恩怨的谜团。

先看看路遥三弟王天云（乳名"四锤"）的口述：

当大哥在延安住院以后，天乐没及时去看他，就是因为自己也查出了病，我弟媳不让过去。大哥就觉得很不理解，也很生气，后来在西京医院里，他就用早就想好的话把天乐狠狠挖苦了一番，但天乐默默承受了，他不能告诉大哥真相，也无法给他解释，这就导致了外人想象着说他们关系"失和"或者"反目"。

关于我四弟与大哥在医院里不愉快的原因就是这样，是兄弟之间善意的隐瞒所造成的误解。哪有航宇写的那么不堪、激烈。我们弟兄们的感情一直很好，前两天，我还梦见我大哥，可清楚了。

……大哥没了，家里的事不要给任何人说。这就是我们全家这么多年都不对外人说有关事情的原因。[32]

再看看王天乐的遗孀梁志的口述：

1992年7月21号，王天乐在铜川矿务局医院检查出他患了乙肝，还是"小三阳"。他不敢告诉任何人，因为他当时是铜川记者站副站长，上级要是知道他的病，他还能去采访别人吗？还能跟别人一块吃饭吗？王天乐后来去西安看病，用的都是假名字，就是想保住这份记者工作，熬到平安退休。[33]

路遥7月病重后给正在安康开会的王天乐打电话，叫他速来西安。王天乐并没有来。按照梁志的口述，7月21日，王天乐在铜川矿务局医院检查出了乙肝，而且还是"小三阳"。"小三阳"在医学上具有传染性,梁志坚决拦着不让王天乐去西安看望路遥,就是害怕传染。

而路遥从延安转到西安的时候,王天乐和林达都去火车站接站了。第二天,王天乐还去医院给路遥做了按摩。其间,因为王天乐要去看望病中的路遥,与妻子梁志还闹过离婚。在梁志的讲述中,王天乐虽然没有去医院陪护路遥,但王天乐一直在替路遥活动,"联系上一位领导,给路遥争到了西京医院单人病房待遇,特批治疗费五万块,这些都是王天乐跑下来的"[34]。

1992年11月17日,路遥去世后,"王天乐的精神几乎崩溃。他连单位给他配的大哥大都丢了。路遥一共留下账单将近两万块,都是王天乐替他还的。2000年王天乐到北京领奖,当时他的肝硬化已经很严重,他还是去看了远远"[35]。由此可知,路遥与王天乐在经济上不存在产生矛盾的起因,王天乐一直在经济上帮扶着路遥,直到路遥去世后还替路遥还账。

斯人远去,通过雪泥鸿爪的留痕,也足以让人浮想联翩,何况还有当事人直系亲属王天云和梁志的口述呢。从一些记忆的片段中,我们基本上厘清了路遥去世前后发生在路遥、天乐兄弟间一些不太为人所知的家事,而这些复杂的家事牵扯了早逝的路遥,家人们都隐忍着不愿讲述。

其实,所谓的"兄弟失和",在家人看来就是无法言说的一些误会。而这些不好言说的误解,又让外界对兄弟之情产生了质疑。路遥和王天乐生前经常自比凡·高兄弟,正如王天乐在一次接受采访中说:"我曾经给我哥送过《梵高传》,他读后留下了,又郑重其事买了一本新的送我。就这样我们兄弟俩都有一本《梵高传》,他的是我送的,我的是他送的。我以为,这世上只有梵高情感的悲苦凄凉可以与路遥抗衡。他是以梵高式的悲壮,完成了全部作品。"[36] 路遥在完成《平凡的世界》第一部后,"就在书前面写上:谨以此书,献给我的弟弟王天乐。我坚决反对。我说我决不会跟上你出这种受罪的名。如果你这一写,我在这个世界上就活不成了。人家一看,路遥的弟弟跟上他哥也想出名,我才不做这种好看而易碎的花瓶。路遥说,那我再想一想。最后他终于写成:谨以此书,献给我生活过的土地和岁月"[37]。

事实上,路遥在生命最后的几年里,对王天乐的依赖愈来愈重,诚如路遥自己所说:"的确,书完后很长一段时间,我离开他(王天乐——引者注)几乎不能独立生活,经常像个白痴或没经世面的小孩一样紧跟在他后边。"[38] 王天乐生前也曾说过,他要写一本《路遥传》,"请读者放心,一个全方位真实的路遥一定会向你们走来"。1993 年,王天乐在《父亲·姐姐·路遥》中写道:"就是我要在适当的时候,给这个世界活着的人类留下一个完整真实的路遥,要让你和你用生命换来的《人生》和《平凡的世界》一同在人间永存,并告诉忠实的读者们,我们兄弟之间所发生的一幕幕悲喜剧,以及真正为你、为你的事业牺牲过的女人和男人,在征得相对同意后,我会公开他们的名字。"[39]

2007年,随着王天乐的不幸离世,他最终未能实现撰写《路遥传》的宏愿,人们只能通过《〈平凡的世界〉诞生记》《苦难是他永恒的伴侣》来洞悉他与路遥的故事。而路遥也说过:"有关我和弟弟天乐的故事,那是需要一本专门的书才能写完的。"[40]遗憾的是路遥与天乐兄弟先后离世。

命运啊,有时就是这么不公平。

注释:

1. 路遥:《路遥全集 长篇小说卷 平凡的世界 第三部》,北京十月文艺出版社2019年版,第76—77页。

2. 邢仪:《那个陕北青年——路遥》,《当代》2015年第3期。

3. 王志强:《奋斗者的足迹》,申沛昌主编:《路遥与延安大学》,新华出版社2019年版,第30页。

4. 路遥:《早晨从中午开始》,《路遥全集 散文卷:早晨从中午开始》,北京十月文艺出版社2019年版,第390页。

5. 路遥:《早晨从中午开始》,《路遥全集 散文卷:早晨从中午开始》,北京十月文艺出版社2019年版,第420—421页。

6. 白描:《为作家养母画像——路遥身后引出的故事》,李建军编:《路遥十五年祭》,新世界出版社2007年版,第273—274页。

7. 王天乐:《〈平凡的世界〉诞生记》,榆林路遥文学联谊会编著:《路遥纪念文集 不平凡的人生》,2003年,第122页。

8. 路遥:《早晨从中午开始》,《路遥全集 散文卷:早晨从中午开始》,北京十月文艺出版社2019年版,第388页。

9. 王天乐:《〈平凡的世界〉诞生记》,榆林路遥文学联谊会编著:《路遥纪念文集 不平凡的人生》,2003年,第123页。

10. 王天乐:《〈平凡的世界〉诞生记》,榆林路遥文学联谊会编著:《路遥纪念文集 不平凡的人生》,2003年,第123—124页。

11. 王天乐:《〈平凡的世界〉诞生记》,榆林路遥文学联谊会编著:《路遥纪念文集 不平凡的人生》,2003年,第124页。

12. 王天乐:《苦难是他永恒的伴侣》,《陕西日报》2000年10月13日第3版。

13. 海波:《人生路遥》,广东人民出版社2019年版,第150页。

14. 白描:《为作家养母画像——路遥身后引出的故事》,李建军编:《路遥十五年祭》,新世界出版社2007年版,第274页。

15. 孔保尔:《和路遥交往的日子》,《延河》2007年第9期。

16. 孔保尔:《和路遥交往的日子》,《延河》2007年第9期。

17. 邰科祥:《从林达的五封手书管窥情感的波折对路遥及其创作的影响》,《中国当代文学研究》2021年第4期。

18. 王天乐:《〈平凡的世界〉诞生记》,榆林路遥文学联谊会编著:《路遥纪念文集 不平凡的人生》,2003年,第112页。

19. 王天乐:《苦难是他永恒的伴侣》,李建军编:《路遥十五年祭》,新世界出版社2007年版,第193页。

20. 转引自邰科祥:《从林达的五封手书管窥情感的波折对路遥及其创作的影响》,《中国当代文学研究》2021年第4期。

21. 陈超:《白描谈路遥:他的作品和他都是复杂的》,千龙网,http://culture.qianlong.com/2019/1101/3434843.shtml,2019年11月1日。

22. 孔保尔:《常人路遥》,申晓主编:《守望路遥》,太白文艺出版社2007年版,第212页。

23. 李小巴:《留在我记忆中的》,晓雷、李星编:《星的陨落——关于路遥的回忆》,陕西人民出版社1993年版,第168页。

24. 路遥:《在困难的日子里》,《路遥全集 中短篇小说卷:在困难的日子里》,北京十月文艺出版社2019年版,第261—262页。

25. 房伟:《路遥小说的创伤叙事》,《文艺报》2013年12月16日第9版。

26. 路遥:《早晨从中午开始》,《路遥全集 散文卷:早晨从中午开始》,北京十月文艺出版社2019年版,第389—390、420—421页。

27. 海波:《人生路遥》,广东人民出版社2019年版,第171—173页。

28. 海波:《人生路遥》,广东人民出版社2019年版,第93页。

29. 王天乐:《苦难是他永恒的伴侣》,榆林路遥文学联谊会编著:《路遥纪念文集 不平凡的人生》,2003年,第49页。

30. 路遥:《路遥全集 长篇小说卷 平凡的世界 第三部》,北京十月文艺出版社2019年版,第219页。

31. 亦可参见程文:《泪血和墨 兄弟情深——评路遥四弟王天乐遗作兼论路遥兄弟关系》,《名作欣赏》2021年第31期。

32. 邰科祥:《路遥家人访谈录》,《大西北文学与文化》2021年第1期。

33. 程文:《泪血和墨 兄弟情深——评路遥四弟王天乐遗作兼论路遥兄弟关系》,《名作欣赏》2021年第31期。

34. 程文:《泪血和墨 兄弟情深——评路遥四弟王天乐遗作兼论路遥兄弟关系》,《名作欣赏》2021年第31期。

35. 程文:《泪血和墨 兄弟情深——评路遥四弟王天乐遗作兼论路遥兄弟关系》,《名作欣赏》2021年第31期。

36. 转引自郝海涛:《路遥的"提奥"——怀念王天乐》,《延安日报》2017年4月1日第3版。

37. 王天乐:《〈平凡的世界〉诞生记》,榆林路遥文学联谊会编著:《路遥纪念文集 不平凡的人生》,2003年,第120页。

38. 路遥:《早晨从中午开始》,《路遥全集 散文卷:早晨从中午开始》,北京十月文艺出版社2019年版,第368页。

39. 王天乐:《父亲·姐姐·路遥》,转引自程文:《泪血和墨 兄弟情深——评路遥四弟王天乐遗作兼论路遥兄弟关系》,《名作欣赏》2021年第31期。

40. 路遥:《早晨从中午开始》,《路遥全集 散文卷:早晨从中午开始》,北京十月文艺出版社2019年版,第368页。

不惑之年

十

45 度角的世界

这是一张拍摄于 20 世纪 80 年代的彩色合影照片，照片很普通，整体有点泛黄。

这张照片里的人物，是当时《延河》杂志编辑部的新老编辑。前排左起：白描、董得理、余念、王丕祥、任士增、贺抒玉、王愚、杨韦昕；第二排左起：郑文华、晓雷、张文彬、卫凤英、高彬、姜洪章、雷乐长、路遥、闻频；第三排左起：张艳茜、张沼清、杨进宝、李子、刘建章；后排左起：羊超、刘广英、徐子心、王观胜、许如珍、张晓光、李星。

照片拍摄的地点是中国作家协会西安分会大院的高桂滋公馆门前，拍摄时间是 1986 年 4 月 1 日。当天因《延河》杂志召开创刊 300 期纪念暨延河文学奖颁奖大会，于是便有了《延河》杂志编辑部的新老编辑的这张合影。照片中三排左一的张艳茜于 1985 年从西北大学毕业，同年进入陕西省作家协会《延河》杂志编辑部任编辑。多年后，她以饱蘸深情之笔撰写了《路遥传》一书。根据照片上人物的衣着来看，时节虽已经进入春天，但大多数人还穿着毛衣和外套。

这段时间的路遥正在修改20多万字的《平凡的世界》第一部。照片上的路遥双手交叉抱于胸前，一脸庄严又不乏自信的神情，虽然戴着茶色眼镜，但是仍然能感到他骄傲的眸子正注视着45度角的前方。而照片中的其他人物，几乎都与摄影师的镜头正面相对。

在日常生活中，当感到有危险，或遇到不愿面对的事情时，很多人经常会下意识地将手臂抱于胸前，用自己的肢体构筑一道身体"防线"，以抵抗外来的危险，从而达到保护自己的目的。从双臂置于胸前保护心脏来说，这是人的本能。但路遥这个姿势，显然是有对某事或某人持有一种否定的观点或态度的意思。在类似这样的工作照中，路遥大多是向右或向左倾斜45度角，这样的照片比比皆是。

王安忆回忆她来陕西采风后准备回沪的前一天晚上，路遥在饭桌上发火了。"不知怎么说起某些前辈经历一生沉浮，到末了却还放不下名与利这两件东西，为他们深表遗憾。"据王安忆回忆，桌上有人指着路遥、莫伸和她说道："到时候你们也会变成这样，这是自然规律，谁也过不去。"王安忆和莫伸听了这话，虽有异议却还能保持沉着应对的态度。但是，"路遥却陡地站了起来，说道：不，你说的不对，人和人不一

1986年,《延河》创刊300期新老编辑合影

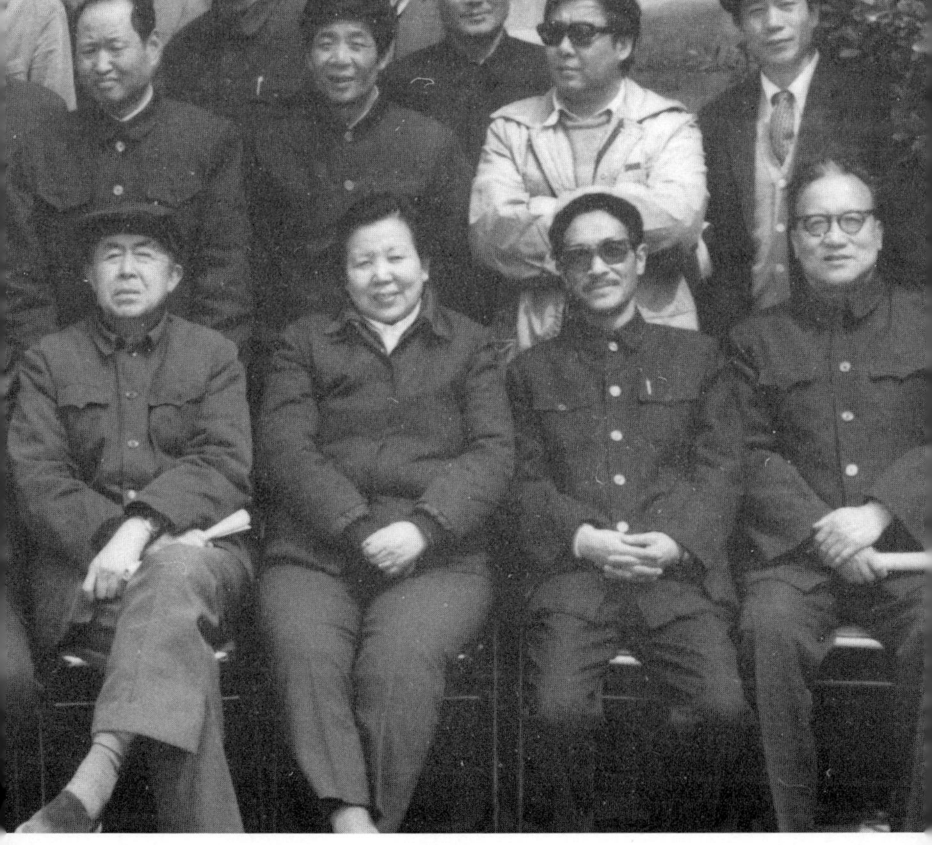

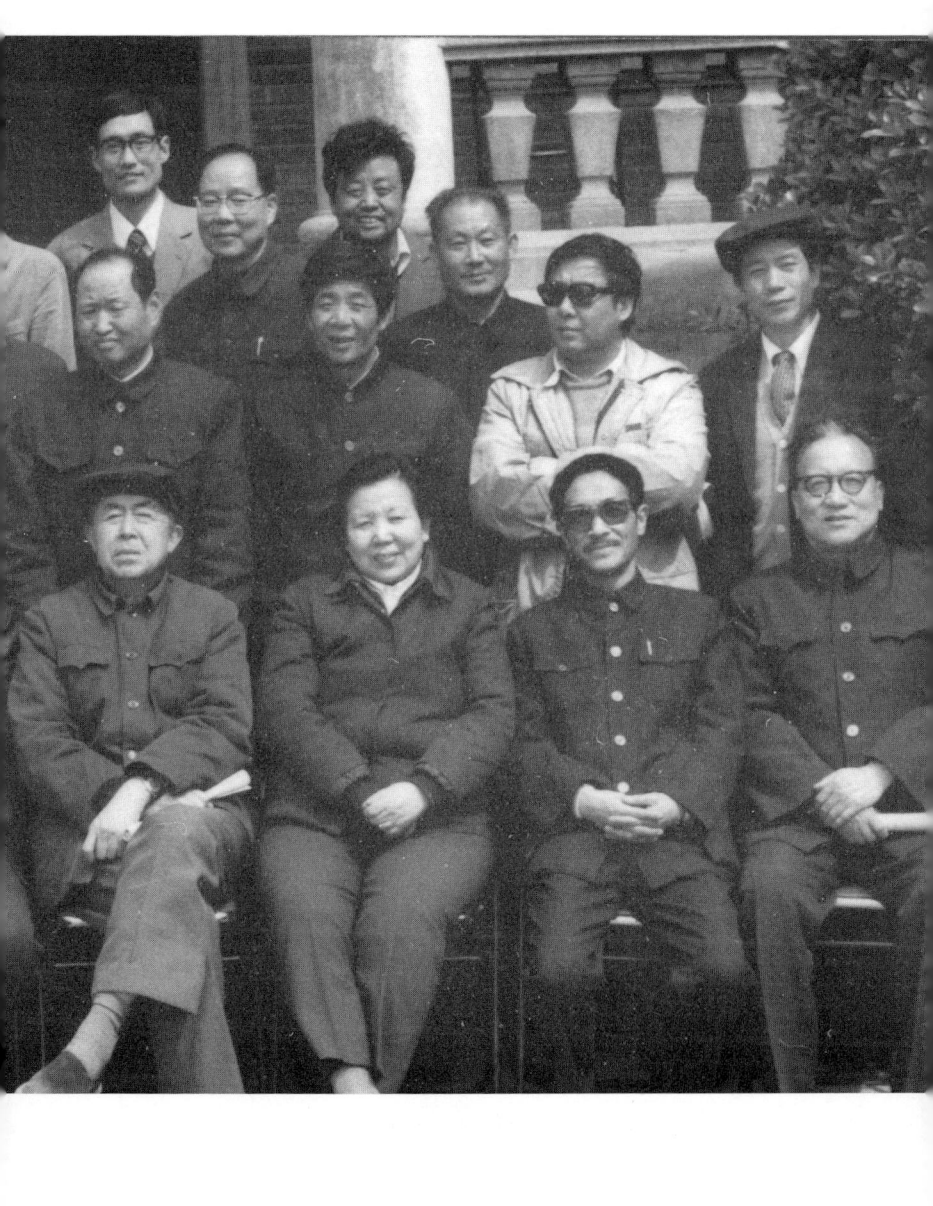

样!那位朋友却坚执不移,连声说:就是这样的!路遥再一次对他说:人和人不一样。可他不听路遥说,路遥便去扯他的袖子对他说:人和人不一样,我小时候没穿过裤子,这怎么一样?"后来,王安忆说,"这是我唯一一次听路遥大声说话"。路遥真的动怒了,他恨不能立刻就证明自己,可是语言显得那么苍白无力。多年以后,王安忆想起那句"我小时候没穿过裤子"时仍会有些心痛,"遗憾的是路遥无法从容走完人生,向人们证明这一点了"。[1] 或许,路遥侧脸或者双手交叉抱于胸前的姿态恰恰表明他的一种态度——不愿接受他人意见或对自己的不屑。

1987年春,一天清晨6点多,同事郑文华看到还没有入睡的路遥。那天清晨的景色很美,空气中有一层薄薄的雾气,树叶上沾带着还没有来得及蒸发的露珠。酷爱摄影的郑文华急忙回到房子取出照相机,定格下了修改《平凡的世界》第二部时的路遥,为路遥留下了一组珍贵的肖像照片。在这组照片中,路遥或把手放在头部像沉思者一样思考,或将手放在面部,或倾斜45度角专注地注视着前方……合适的光线和角度抓取了最能表现人物性格的瞬间,而郑文华抓住了这一个个瞬间,他让路遥的这组肖像充满了无限遐想的生命力。这是郑文华的幸运,也是路遥的幸运。

独特的目光、手势、表情让路遥的"脸"变得生动而丰

路遥 / 郑文华 摄

富,也更富有辨识的特征。"在自画像中,画家不能仅限于描绘自己的脸,他还必须回答一个问题:这张脸再现了'什么'或者说再现了'谁'。"[2]当我们在阅读这组肖像特写时,作为肖像人物主角的路遥又在表达着什么?如果路遥是有意识地想通过自己的脸来展现"自我",那么这种展示也是为了便于他人更好地理解自己。

这组照片中的路遥时年37岁,他的脸看上去比实际年龄要大一些,"这往往是脸和身体在生命过程中相互对抗的结果"[3]。一个人在一生中只拥有一张脸,但这张脸却始终在不断变化着。一个人可以通过自己的脸来吐露心声,也可以用一张毫无表情的脸来伪装自己,也就是说很多人的表情是按照别人的要求摆设出来的,而并非出自真心。很显然,这组照片中的路遥表现出了他的内在精神,是当时路遥精神状态的真实写照。

解读照片或者图像是一种复杂又巧妙的工作,需要细微敏锐的观察力、丰富深厚的生活经验以及情境还原能力。掌握了这种解读的能力和技巧后,人们就会像读懂一组密码一样理解和解读人像照片。在这组照片中,我们丝毫看不到任何的世俗与伪装,路遥在清晨的阳光下,纯净得像个孩子。面对郑文华的镜头,路遥是从容的、自在的、放松的。熟悉的拍摄对象,熟悉的摄影师,两人只需要一个对的瞬间,彼此"放下防备",这充分证明了"好的肖像作品只能通过友好来创作"这句名言。

若干年后,再次面对这些照片时,我们仍然能够从中看到逝去的时代所留下的珍贵印记。

1992年冬春之交,青年摄影家惠怀杰为已获得茅盾文学奖的路遥拍摄了一组肖像照片。惠怀杰之前已在西安举办过自己的摄影作品展——"陕北行",路遥还专门给他写过评论:

不难看出,怀杰在陕北大地上所展示的那种生生不息的人生态度和顽强奋斗的精神,也就是我们整个民族精神的写照。

……从他的作品中我们感到,在他观照生活的时候,既从里面往外看,也从外边向里看,因此,这块土地在他的视野里,就不会是一种浮光掠影式的空大,也不会是那种瓜蔓菜豆式的小格局;他的作品气势磅礴且富于深邃的历史意识和哲学思考,有些作品甚至达到了摄人心魄的强烈的艺术感染力。[4]

惠怀杰拍摄的这组照片准备用在将要出版的《路遥文集》中。在这组照片中,人到中年的路遥的大多姿势依然保持着侧脸的45度视角。但对路遥来说,除了《路遥文集》所需的几幅肖像外,他还很有激情、夸张地做了几个姿势,或抽烟,

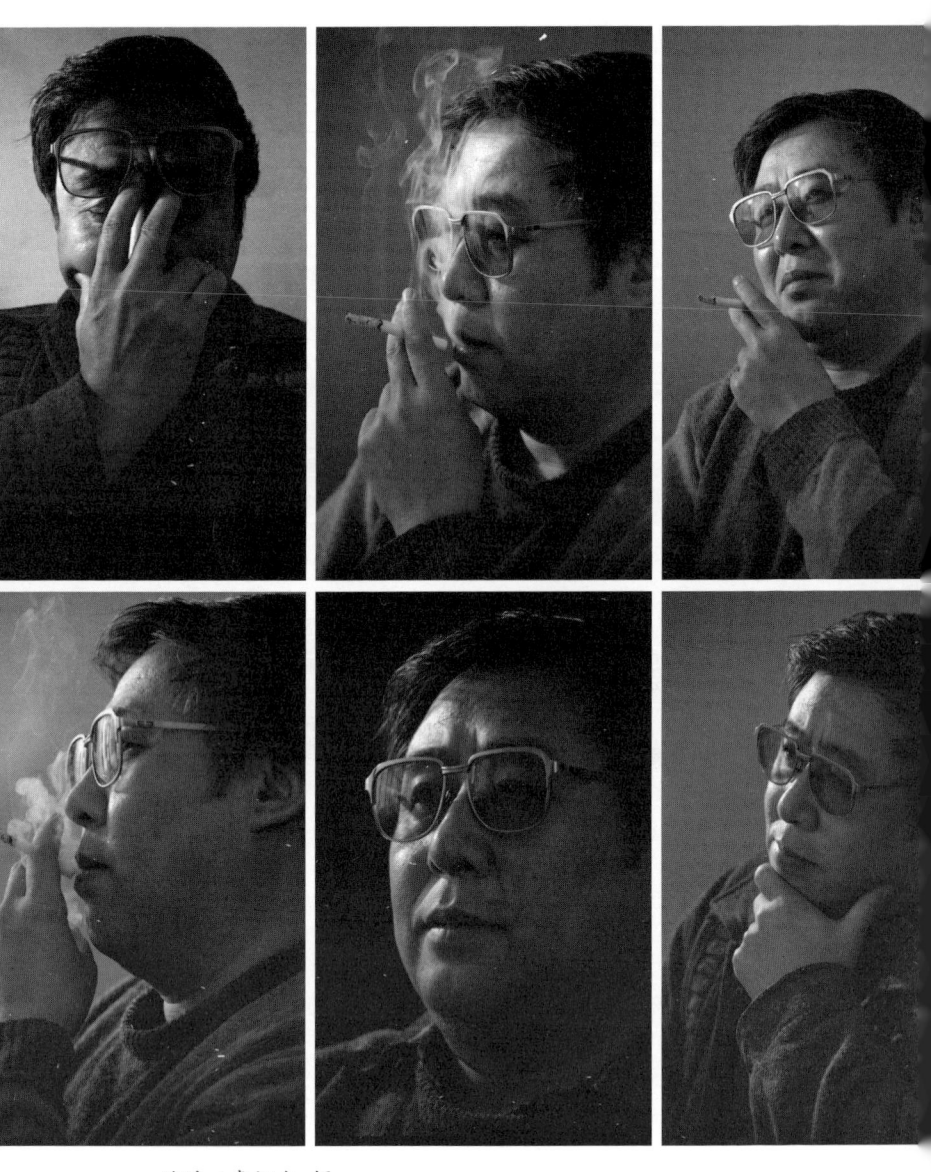

路遥 / 惠怀杰 摄

或低头，或遮住面孔……总之，对他来说，拍摄的目的不仅在于展示富有辨识度的自己，更是为了捕捉一种形式和内心的冲动。

对于摄影者惠怀杰来说，他有属于自己的观察人物与世界的独特视角，他要为世人保留下作家路遥的珍贵瞬间，他要捕捉甚至深挖路遥之所以为路遥的精魂，而他选择了拍摄路遥的手和头部。在这组照片中，路遥的手与面部连为一体，双眼闭合，作为作家的形象一下子被表现了出来，强烈、鲜明，唯一特写和突出的是路遥的手指和额头。那是一个作家思考和劳动的印记，同时以手观心，也把人到中年路遥的内心痛苦与压抑刻画了出来。

那么，什么是中年？中年对一个人来说又有什么意义呢？"中年是人类一生发育过程的一部分，是'生命时钟'中数以千计的基因的交互作用，把我们的身体和头脑在不同年龄时塑造成不同的模样。"[5] 在夜深人静之时，中年人脑海中所浮现的问题，最能显示中年的意义：我的身体是不是越来越没用了？我是不是越来越容易生病了？我变老的速度和其他人一样吗？我的性格到底为什么要变得这么复杂？我的境况比小时候有所改善吗？我该存钱留给孩子，还是存钱养老？……孩子们离开了（或即将离开，或不肯离开），我该怎么办？我身边平静沉睡的这个人是谁，我们俩为什么不像以前那么恩爱了？[6]由此我们可以看出，人类的中年是重要且独特的现象，人类的中年不是负面的事，而是正在走向一种文化与性格的解放，它和其他动物一生过到一半的阶段很不一样。

当王安忆得知路遥与邹志安（1946—1993）去世的消息之后，不由得发出喟然长叹："他们都是在四十不惑的日子里辞世，远没抵达知天命的年岁。不惑其实是最叫人痛惜的，一切都已明澈如水，什么都骗不了他们。是他们智慧最清明的时候，是他们生命力最富理性的时候，他们正走向通达最深哲理的路途中，走过去，便是真谛。"[7]王安忆一面谴责命运对他们的不公，一面对"四十不惑"这个年龄段做出高度认可。显然，中年也不全是正面的经验，比如中年就是老化迹象明显开始的时间点；中年会伴随着不安的自我怀疑，婚姻、子女、财富、健康、地位等问题会带来前所未有的压力和可能的心理疾病。就在这样一个"人到中年"的背景下，图像不仅触及普通人路遥中年的敏感问题，而且在艺术地、真实地表现"作家路遥"的中年历程方面更见力道。

当然，"照片以回溯的方式指向拍照的瞬间，同时也指向我们的生命所无法企及的遥远未来。身体的缺席被置换为图像的在场，图像试图捕获转瞬即逝的生命，并由此带给我们一种名副其实的陌异感"[8]。我们很难想象路遥在饱受疾病困扰的不惑之年，却依然留下了这组神采奕奕之照。

中年获"茅奖"

1987年春的一天,在北京12路无轨电车上,中央人民广播电台的叶咏梅偶遇了去鲁迅文学院的路遥。两人寒暄时,叶咏梅得知路遥正在创作《平凡的世界》第二部,之后路遥给叶咏梅送了一本《平凡的世界》。

在叶咏梅看来,路遥笔下描写的正是她当年插队的地方,《平凡的世界》第一部的情节一下就勾动了她。叶咏梅回忆:"我看了,而且看得很仔细,它又把我带回了那片一直使我眷恋而深情的土地。书中的一切对我来说,是多么熟悉、亲切,仿佛我就生活在这些人当中,能感到他们的音容笑貌、喜怒哀乐。……路遥这部作品有一个重要的追求,一个重要的思想追求,一种人生哲理的艺术表达。为了他的追求,我多么希望把他的新作录制成广播节目,早日同生活在平凡世界里的普通人见面啊!"[9]路遥的这部作品打动了叶咏梅,于是在《平凡的世界》第一部出版有些争议,第二部还是校样,第三部仍然在创作修改的情况下,叶咏梅给台里领导推荐了这部长篇小说。在得到领导同意后,叶咏梅和李野墨便投入录制广播剧《平凡的世界》的准备工作之中。获得批准,这对路遥来说既是鼓励,也是鞭策。

在广播剧《平凡的世界》正式开播之前,叶咏梅专程来到西安。在陕西作协大院里,路遥接受了叶咏梅的采访。路遥谈起了3年的准备工作和3年的创作过程,其间经历了常人所无法忍受的孤独与寂寞。

1988年3月27日12点30分,由叶咏梅编辑、李野默演播的广播剧《平凡的世界》,在中央人民广播电台AM747频道《长篇连播》节目开始播出,播出后在全国引起巨大的反响。

正如路遥自己所说:"每天中午,当我从桌面的那台破收音机上听到中央台李野墨用厚重自然的语调播送我的作品时,在激动中会猛然感到脊背上被狠狠抽了一鞭。我会赶紧鼓足力气投入工作。我意识到,千百万听众并不知道这部书的第三部分还在我的手中没有最后完成,如果稍有差错,不能接上茬而被迫中断播出,这将是整个国家的笑话。"[10]

6月1日,路遥按时来到北京,把《平凡的世界》第三部书稿交给了叶咏梅。在叶咏梅那里,路遥看到已堆积了近2000封听众来信。这是《长篇连播》开播以来,收到的最多的听众来信。持续播出4个多月后,又在边远地区云南、新疆以及陕西的省台重播,直接听众超过了3亿人次。《平凡的世界》通过广播,赢得了中国亿万听众,直接带动了纸质图书销量,也为后来茅盾文学奖的评审提供了有力的参考。这次播出给了路遥精神上极大的鼓励与支持。

也就是在这一年,中国电视剧制作中心的领导找到导演潘欣欣,让他拍摄路遥的《平凡的世界》。时年34岁的潘欣欣之前分别拍摄过《沣水绕过小长安》《云彩岭》两部电视作品,有丰富的经验。之后,潘欣欣赶到西安找到路遥商谈拍摄《平凡的世界》,路遥带他在陕北行走了20多天。

11月,中国文联出版公司邀请在京的评论家召开《平凡的世界》出版发行座谈会,研讨这部小说的艺术成就。与会者认为《平凡的世界》是一部具有相当思想深度和艺术魅力的力作。小说以1975年到1986年十年间的重大事件和历史契机为背景,全景式地展示了大变革时期广阔的城乡社会生活,反映了我国社会的历史面貌、现实运动和未来走向。作品具有深厚凝重的历史感和恢宏浩荡的艺术气势,同时具有震撼人心的艺术魅力。著名评论家曾镇南说:"一口气读完了这部一百多万字的作品,心情随着人物命运而变化,这是近年来读小说时少有的。""过去读小说是为了写评论,但读《平凡的世界》时我流泪了,为其中描写的人的人生。"时任中国作协书记处常务书记、作家鲍昌说,《平凡的世界》实际是"一位不平凡的作家,有意识地采用平凡的写法,表现平凡人物的不平凡的生活",赞扬这部作品是一部非常难得的力作。著名评论家蔡葵先生对《平凡的世界》采用的被文学界一些人不屑一顾的现实主义手法给予旗帜鲜明的支持，他认为《平凡的世界》之所以难能可贵，是路遥以自觉地对现实主义的诚挚向往和灵动悟性，成功地表现了当前新的生活，延续了我们现实主义创作的历史性断线，再次显示了现实主义的实绩和它的生命力。会后，蔡葵先生还撰写了很有分量的评论文章发表在《光明日报》上。路遥看到这篇文章后，给蔡葵先生写信说："虽然我也看出来您的文章是被'剪裁'了的，但文章的论述使我很激动。您公正地用了一些大胆的褒词肯定了我的努力。您应该看得出来，我国文学界对这部书是冷淡的。许多评论家不惜互相重复而歌颂一些轻浮之作，但对认真努力的作家常常不屑一顾。他们一听'现实主义'几个字就连读一读小说的兴趣都没有了。好在我没有因此而放弃我的努力。六年来，我只和这部作品对话，我哭，我笑，旁若无人。当别人用西式餐具吃中国这盘菜的时候，我并不为自己仍然拿筷子吃饭而害臊。"[11]

1989年3月24日，电视连续剧《平凡的世界》在陕西省延安市枣园乡庙沟村开机。一年后，14集电视剧《平凡的世界》在中央电视台1套和2套播出，引起很好的反响。当时上海作家王安忆正在陕西采风，目睹了这一切："电视台正在播放根据路遥长篇小说改编的电视连续剧《平凡的世界》。我们走到哪里都能听见人们在议论《平凡的世界》。"[12]

后来，路遥在《我与广播电视》一文中表达了对电视剧《平凡的世界》的看法："严格地说来，电视剧拍得不尽如人意。但这已经是另一种艺术，应由本行道的标准评估，作为小说作者，不应过分苛求，无论如何，它对小说的传播起到了十分重要的作用，这就应该感到满足了。"[13]

1991年1月23日，路遥给评论家白烨去信。在信中，路遥谈到《平凡的世界》参评第三届茅盾文学奖一事。路遥认为："评奖一事，我尽量不使自己抱太大希望，今日中国之事随处都是翻云覆雨，加之我这人不好交往人，只能靠作品本身去争取。朱寨、蔡葵、老顾等人虽交往不多，但我相信和信任他们，他们是凭学识和水平发言的，我内心对他们都很尊重。"他希望白烨和雷达能为他"活动"。所谓的"活动"就是请阎纲、周明、李炳银、雷抒雁等在京的陕籍评论家帮忙做点工作。如果能获奖，也算是给"西北和老陕争点光，迄今为止，西北还未能拿这个奖"。最后，路遥嘱咐白烨："希望您能看开的，……都是过来人了，这些并不能限制人，反而会促使人换个角度去生活和奋斗，说不定有种豆得瓜之欢愉呢！"[14]

白烨后来在《是纪念，也是回报》中回忆："那一届茅盾文学奖的评选，因为文学的和非文学的种种原因，竞争十分激烈。《平凡的世界》能不能最终获奖，朋友们都在心里捏一把汗。我记得在评委们刚投完票,有个结果之后,先是蔡葵从评奖会场出来给我打了一个电话,轻声告我刚刚投完票,《平凡的世界》评上了。稍后,朱寨又出来给我打电话说《平凡的世界》得票第二高,获奖没问题了。我说,不会有什么变化吧,他说还要报中宣部审批,一般不会有问题。我说那我就告诉路遥了,他说当然可以,并代我们致贺。于是,我即刻从单位骑车赶到附近的地安门邮局,兴冲冲地去给路遥打电报。记得电文是这样写的:'大作获奖,已成定局,朱蔡雷白同贺。'这里的'朱'是朱寨,'蔡'是蔡葵,'雷'是雷达,'白'是本人。"[15]据说,电报当天就到了陕西作协,据路遥事后说,那天下午,他在家里坐立不安,总觉得有什么事,便到作协院子溜达,走到门房,看见门口的信插里有一封电报,觉得可能跟自己有关,于是拿到手上一看,正是白烨打给他的报喜电报。路遥兴奋得要跳起来,想找人分享这份喜悦,可那时的作协大院一片寂静,连个过路的人都没有。他只好把这份喜悦收在心底,独自品味。

据王天乐回忆:"就在我到富县采访时,路遥用电话直把我寻到一个乡镇上。他告诉我,《平凡的世界》获了茅盾文学奖,而且是排在第一位。我俩在电话里很长时间没有说话,心情太复杂了。我当然为此无比兴奋,但一想到他的身体我就浑身发抖。路遥在电话上告诉我,领奖去还是没有钱,路费是借到了,但到北京得请客,还要买一百套《平凡的世界》送人,让我再想一下办法。我一个人放下电话在田野里走了很长时间,望着头顶上的明月,我感慨万千。是啊,一个获得茅盾文学奖的人,因为没有路费去领奖,更没有钱去买自己写的书,这是何等的不可思议,而这个领奖的人不久就要离开人世了。他在六年的万里长征中,流血、流汗,结果是两手空空。这位原准备站在诺贝尔文学奖领奖台发表演讲的作家,没想到他的命运是如此的悲壮。……我迅速赶回延安,走进了当时在该地区有非常实权的一位朋友的办公室。当我把路遥目前存在的困难向他说明后,他惊得从办公室桌子后面站了起来,面对房顶半天没有讲话,这位精通俄语的领导,用俄语说:'这是天大的笑话。'他立即找来一个人士,说先拿五千元,立即送给路遥,让他在北京把所有的发票给我带回来,在延安地区想办法给他报销。他说这一辈子他是唯一的一次犯错误了……当我把拿钱的经过向他叙述后,并告诉他今后再不要获什么奖了,如果拿了诺贝尔文学奖,我可给你找不来外汇。路遥只说了一句话:×他妈的文学。"[16]

1991年3月10日《人民日报》头版消息:

被誉为当今全国最高文学大奖的第三届茅盾文学奖评奖(结果)今天在北京揭晓。6位作家的5部作品获奖:路遥的

《平凡的世界》，凌力的《少年天子》，孙力、余小惠的《都市风流》，刘白羽的《第二个太阳》，霍达的《穆斯林的葬礼》。另有老将军萧克的《浴血罗霄》和已去世的徐兴业教授的《金瓯缺》获荣誉奖。

由中国作家协会主办的茅盾文学奖是根据茅盾生前遗愿于1981年设立的，意在推出和褒奖长篇小说作家和作品。本届评选范围为1985—1988年间发表的长篇小说。1988年12月，中国作协党组决定筹备评选第三届茅盾文学奖。历时两年多，经过挑选推荐，初评审读，以陈荒煤、冯牧、马烽等专家组成的评委会对遴选的17部作品进行了评议研究，正式评定了当选作品。

关于路遥去北京领奖的故事，也有两个不同的版本：一、王天乐在《苦难是他永恒的伴侣》中描述："我拿着5000元赶到西安，这时路遥已到火车站。当我把拿钱的经过向他叙述后，并告诉他今后再不要获什么奖了，如果拿了诺贝尔文学奖，我可给你找不来外汇。路遥只说了一句话：×他妈的文学。"[17] 二、航宇在《路遥的时间》中则说："3月23日晚上，路遥兴致勃勃地来到我房间，用从来没有过的商量口气，喜笑颜开地对我说，你明天能不能不要睡懒觉了，起早一点行不行，然后到火车站给我买一张去北京的软卧火车票，我要去北京领奖。……直到上午8点,在我急切的等待中,火车站二楼售票大厅的门终于开了,我第一个跑到售票窗口,顺利地买到了25号西安到北京的软卧火车票。……路遥和远村在火车站的进站口等着我,我拿着路遥的软卧车票,在窗口买到两张站台票,我们在广场上无所事事地溜达了老半天,然后一同走上站台。路遥就要上车的时候,跟我和远村分别握了手,然后给我俩说了一句,回来见,便走进了火车车厢。我和远村跟他挥手告别,祝他一路顺风,胜利归来。……尽管路遥这样吩咐,我和远村一直没有离开,静静地站在站台上,看着开往北京的火车载着获得第三届茅盾文学奖的著名作家路遥缓缓地驶出西安火车站,我俩才回到建国路的陕西作协。"[18] 按航宇在《路遥的时间》中描述,路遥坐火车去北京领奖是由他相送,而路遥的弟弟王天乐根本没有出现在火车站,更没有拿来所谓的5000元钱。

3月30日,茅盾文学奖在人民大会堂颁奖时,叶咏梅受邀出席,见到了评委、老评论家蔡葵。叶咏梅回忆:"蔡葵一见面就说,小叶,你们这次广播可是功不可没,好多评委都是听着你们的广播才知道《平凡的世界》和《穆斯林的葬礼》这两部小说的。"对叶咏梅来说,这两部获奖作品都是由她负责播出的,从这个意义上说,她当时觉得特自豪。

据雷达回忆,评委会第一轮投票是凌力的《少年天子》

领先,《平凡的世界》排第二名。但在最后拟定获奖名单时,评委们一致将《平凡的世界》提到首位。历史证明,《平凡的世界》堪称这三届也是历次茅奖作品中影响力最大、生命力最强的作品之一。

《平凡的世界》从孙少平的高中生活写起,笔触伸向了"文革"结束前后中国的种种精神面貌,写到了不同的阶层,写到了极左思潮影响下的干部与群众,写到了靠边站,同时看到国内政治形势变化,想要有一番作为的干部,写到了生活在社会最底层的农民——尤其是那些不甘贫穷、不怕吃苦,也不怕困难,想要赢得生活幸福和生命尊严的年轻人……路遥以传统现实主义的笔法,描绘出了改革开放后国人生活和观念的种种变化。其中,最感人的还是以孙少安、孙少平两兄弟为代表的中国农村青年的思变精神。

孙少安在承受着生活艰苦的同时,努力寻求变革,寻找生活更为宽广的出路。从13岁起,为了弟弟妹妹能够有学上,为了父辈们能够过上好一点的生活,他放弃上学,开始拼命干活。然而,当时的社会条件毕竟有限,他只能通过努力才能帮父亲勉强支撑着当时面临崩溃的家庭。改革开放之后,他的壮志雄心终于有了用武之地。他通过自己的努力,从拉砖的运输工,干成了开砖窑的砖厂"厂长"。成功后他不忘本,为村民翻新学校,带领村民走上致富大道。他一直想着如何改变自己的命运，也改变农村的落后闭塞的状态。

孙少平在高中毕业后历经曲折成为一名煤矿工人。虽说孙少平挣上了令农村人羡慕的工资，可是他在煤矿上，白天下井干活不偷懒，晚上回宿舍后还坚持看书、读报。在这样一个对于求知有着孜孜不倦热情的青年形象里，既有路遥自己的影子，也有同时代无数青年人的影子。他们不甘平庸，不满足于既有的生活，想要把失去的时间补回来，竭尽所能地用知识充实自己的头脑。繁劳工作之余，仍坚持不断地"充电"，关心时事，争做一个对社会有用的人。对于当时处在社会转型时期的中国农村，孙少平这个人物形象依然代表着精神的强者。

无论是孙少安、孙少平兄弟，还是田润叶、李向前夫妇，甚至金波、郝红梅，都是个顶个的拼搏者。他们在自己的时代生存拼搏着，不同程度地对社会有着自觉的责任心，有着天下兴亡匹夫有责的信念。他们的生命里，似乎蕴藏着无限的劲头，永不言败，不愿平庸地度过一生。创造这些人物的路遥也是一位极富道德感与历史追求的作家，他在抒写时代精神的同时也在践行着延安精神。

在颁奖大会上，路遥代表获奖者致辞。他没有念事先精心准备的稿子，而是用不足五百字的《生活的大树万古长青》致辞："非常感谢评委们将本届茅盾文学奖授予我们几个人。

本来,还应该有许多朋友当之无愧地领受这一荣誉。获奖并不意味着作品的完全成功。对于作家来说,他们的劳动成果不仅要接受当代眼光的评估,还要经受历史眼光的审视。"[19]

白烨回忆,路遥来北京领奖,一顿饭把5000元奖金吃完了的那种率性、土气又亲切的场面,令他记忆犹新:"他来北京领奖,到北京的傍晚就给我打来电话,我约了雷达赶到他下榻的华都饭店,三人不坐沙发,不坐床榻,就在地毯上席地而坐,促膝畅谈,那种率性、土气又亲切的场面,我至今记忆犹新。那个时候的茅盾文学奖,奖金只有五千元。领完奖,路遥约了在北京文学界的陕西乡党在台基厂附近一家饭店聚餐庆贺,因不断有人加入,一桌变成两桌,两桌又变成三桌,结果一顿饭把五千元奖金吃完了。"[20]

从北京回来后不久,陕西省委宣传部和中国作家协会陕西分会、省文联召开了《平凡的世界》获第三届茅盾文学奖的表彰大会,给予了路遥5000元的奖金。而在已到不惑之年的路遥看来,"《平凡的世界》对我来说已经成为过去"。

据李天芳回忆,"第三届茅盾文学奖颁布后,他从京城载誉归来,读者和朋友频频向他道贺,省上和单位也为他开庆功会。在外界一片纷纷扬扬的赞誉声中,我们都知道路遥认真干的一件事,则是把北京和省里给他的奖金,以孩子的名义存进银行。两笔奖金不多不少,恰是一万元整。这一万元,也成了他身后唯一留下的一张存单"[21]。

陕西省的表彰大会之后,路遥请作协的青年人到"太阳神"酒家喝酒。据邢小利回忆:"那一天下着雨,百叶窗外雨中的街景有一种凄迷的美。柔曼沉郁的音乐声中,一群青年朋友喝得淋漓酣畅、笑语喧哗,路遥则坐在一旁,微笑着默默无语。大家向他敬酒表示祝贺时,他对弟兄们只说了一句话:'以后要靠自己。'"[22]

如路遥自己所说,获奖已成过去。作协大院里有好多孩子,闲暇之余的路遥喜欢在作协大院逗孩子玩,获奖后的路遥依然保持着以前的生活习惯。据王观胜回忆:"和路遥能耍到一块儿的是李国平的小女儿程程、张艳茜的小女儿桃桃。1991年初冬,我拿着节烟筒,从前院向编辑部的后院走。路遥走在我前面,一手抓着两个热蒸馍,一手拿着一根葱,吃一口馍,咬一截葱。走路的姿势还是那个样子,弯腰、偏头,一闪一闪的。"[23]路遥的去世,在王观胜看来是"一种生活方式的消失"。

在孔保尔的记忆中,1992年春节以后的路遥所思考的事情主要是作协的改革和建设问题,路遥曾告诉孔保尔:"作协要成立一个公司和五个委员会,公司搞三产,专门搞发行,聘请你来当经理,搞这你是内行,作家们出书就不艰难了。作家们最痛苦的是辛辛苦苦写出来的书发行量上不去,没人看,劳动成果得不到社会的认可,搞一个公司,作家们谁出了长篇小说你都给咱铺天盖地发到书摊上,不求挣钱,挣钱靠批发书和出版发行市面上流行的畅销书,这样作协就活了。成立五个文学委员会为:文学创作委员会、翻译文学委员会、散文文学委员会、诗歌创作委员会、报告文学创作委员会。每个委员会实行秘书长制,文学创作委员会秘书长由观胜来当,翻译文学委员会秘书长由你来当,每个委员会每年搞一次大奖赛。要吸引全国的文学爱好者来参加这几个大赛,光参赛报名费每年就能挣不少钱。这个发行公司你给咱好好干,都能挣钱,让作协的每个职工都过上好日子。他勾画着这些宏伟的蓝图,脸上绽开了笑靥。说笑靥,根本不够分量,简直就是笑逐颜开。他给我说完这个设想两个月后就到延安去了,等他回到西安,竟然没有回到作协,就直接被车从火车上拉走,送到了西京医院。"[24]

《平凡的世界》责任编辑李金玉后来回忆:"《平凡的世界》出版后,我又给陕西的作者出了一些书,有的书稿是路遥推荐的,有的不是。但不管是不是他推荐的,他都说这些人写东西不容易,让我尽量想办法出版。在我的印象里,他都是说这些人的好话,没有说过任何一个人的坏话。我知道他是真诚地想帮他们。有的书最终没能出版,是因为我人微言轻,能力有限,不能说服我的领导,与路遥无关。路遥去世后,我听到有人说的一些闲话，心里很为路遥难过：这就是他视为朋友并曾经帮助过的人吗？"[25]

注释：

1. 王安忆:《黄土的儿子》，李建军编:《路遥十五年祭》，新世界出版社2007年版，第164—165页。

2. ［德］汉斯·贝尔廷:《脸的历史》，史竞舟译，北京大学出版社2017年版，第183页。

3. ［德］汉斯·贝尔廷:《脸的历史》，史竞舟译，北京大学出版社2017年版，第3页。

4. 路遥:《惠怀杰的摄影艺术》，《路遥全集 散文卷：早晨从中午开始》，北京十月文艺出版社2019年版，第259—260页。

5. ［英］大卫·班布里基:《中年的意义·前言》，周沛郁译，北京联合出版公司2018年版，第41页。

6. ［英］大卫·班布里基:《中年的意义·前言》，周沛郁译，北京联合出版公司2018年版，第3—4页。

7. 王安忆:《黄土的儿子》，李建军编:《路遥十五年祭》，新世界出版社2007年版，第165页。

8. ［英］汉斯·贝尔廷:《脸的历史》，史竞舟译，北京大学出版社2017年版，第216页。

9. 叶咏梅编著:《中国长篇连播历史档案·上卷·作家作品卷》,中国广播电视出版社2010年版,第25页。

10. 路遥:《早晨从中午开始》,《路遥全集 散文卷:早晨从中午开始》,北京十月文艺出版社2019年版,第423页。

11. 路遥:《881231 致蔡葵》,《路遥全集 剧本·诗歌·书信卷:人生》,北京十月文艺出版社2019年版,227—228页。

12. 王安忆:《黄土的儿子》,李建军编:《路遥十五年祭》,新世界出版社2007年版,第162页。

13. 路遥:《我与广播电视》《路遥全集 散文卷:早晨从中午开始》,北京十月文艺出版社2019年版,第305页。

14. 路遥:《致白烨》,延安大学路遥文学馆收藏。

15. 白烨:《是纪念,也是回报》,马一夫、厚夫、宋学成主编:《路遥纪念集》,人民文学出版社2007年版,第11页。

16. 王天乐:《苦难是他永恒的伴侣》,李建军编:《路遥十五年祭》,新世界出版社2007年版,第196页。

17. 王天乐:《苦难是他永恒的伴侣》,李建军编:《路遥十五年祭》,新世界出版社2007年版,第196页。

18. 航宇:《路遥的时间》,人民文学出版社2019年版,第20—24页。

19. 路遥:《在茅盾文学奖颁奖仪式上的致词》,《路遥全集 散文卷:早晨从中午开始》,北京十月文艺出版社2019年版,第26页。

20. 白烨:《是纪念,也是回报》,马一夫、厚夫、宋学成主编:《路遥纪念集》,人民文学出版社2007年版,第11—12页。

21. 李天芳:《财富——献给路遥》,李建军编:《路遥十五年祭》,

新世界出版社2007年版,第139页。

22. 邢小利:《路遥侧记》,马一夫、厚夫、宋学成主编:《路遥纪念集》,人民文学出版社2007年版,第385页。

23. 王观胜:《一种生活方式的消失》,马一夫、厚夫、宋学成主编:《路遥纪念集》,人民文学出版社2007年版,第77页。

24. 孔保尔:《常人路遥》,申晓主编:《守望路遥》,太白文艺出版社2007年版,第213页。

25. 李金玉:《平凡的世界 辉煌的人生》,《路遥研究》2019年总第8期。

十一

最后的日子

早晨从中午醒来

美国人类学家露丝·本尼迪克特在《文化模式》一书中指出:"每一个人,从他诞生的那刻起,他所面临的那些风俗便塑造了他的经验和行为。"[1]

1991年冬至1992年春,路遥完成长篇创作随笔《早晨从中午开始》。这部作品主要记录了作者创作《平凡的世界》的背景、思考、经历及情感,可以看作是路遥的回忆录、自传,是他本该旺盛的中年时期的一次总结与回顾,但他已预感到生命之灯即将燃尽,因此这部创作随笔充满了单纯的明澈,但又深深地笼罩在祭奠往事、完成人生的"绝唱"中。

五六万字的《早晨从中午开始》之所以重要,就在于它返璞归真的表达。王天乐曾在文章中写道:"他有一种预感,中年已经成了他的晚年了。为这一神灵的暗示,他在后来的《早晨从中午开始》用了大段文字谈到了他对死亡的感受,实际上是心灵深处的恐惧。"[2]

航宇在《路遥的时间》中描述，路遥获得茅盾文学奖后，文学青年、出版社、杂志社以及报社记者接二连三地登门拜访，向他约稿、做访谈。有的拿着红艳艳的请柬，恭恭敬敬地放在他面前，邀请他参加会议或研讨会。路遥有些招架不住了，可他还必须面带微笑，耐心解释，稍有不慎，就会引来各种非议。一些风言风语很快传到路遥耳朵里，他真是有苦难言。因此他特别想找一个安静的地方躲几天，一心一意地把他要做的事做完。路遥开始有些着急，这么大一个西安，想找一个安静的地方谈何容易。一天天就这样无所事事地过去了，路遥基本上什么事也干不成，一个人漫不经心地在作协院子里散步，一边低头抽烟，一边心里想着这个问题，而这个问题已经把他折磨得苦不堪言。于是，路遥找来航宇，让他去省委招待所替他登记一间房子。

路遥在航宇为他登记的省委招待所9楼的一间临街的单人房里住下，他一边写作《早晨从中午开始》，一边整理他的文集，全身心地投入工作中。他对航宇说："我住在这里少了在家里那些烦恼和干扰，工作效率非常高，照这样下去，有十来天时间就可以把这些事搞完。如果我住在家里，基本什么事也搞不成，一拨人走了又一拨，把你整得能哭下。……"

"一晃几天过去了，路遥在省委招待所的工作进展得比较顺利，效率也出奇地高，该归类的归了类，有一部分稿子让我在复印部给他复印好。特别是他刚完成的创作随笔《早晨从中午开始》，我按照他的吩咐，复印好六份，一份让我通过邮局，尽快寄给了中国文联出版公司的李金玉。……就这样，路遥让我把他的《早晨从中午开始》创作随笔复印稿，除了寄给李金玉，再给《女友》杂志社送一份。……我说，你的这个创作随笔《早晨从中午开始》，我觉得非常有意义，从中可以看出你是怎样以自己的生命为代价，竭尽全力创作《平凡的世界》的。"3

据李天芳回忆："其时，他正在忙于总结他的创作谈，取名《早晨从中午开始》。北京一位诗人朋友，曾在一次聚会中，快言快语地对他说：'这题目不好，怪不吉利的。早晨从中午开始，那不是离太阳落山的时间就短了……'他的话不幸言中了后来的事，言中得叫人惊心。但当时路遥一定未加在意，他对自己的写作充满信心，这部6万多字的写作心得，注入了他的激情和心血，写得严肃、顺手和得意。早有一家编辑部向他约好稿，并答应付以高稿酬争先发表。他不无欣慰地说：'要再得到大宗稿费的话，一定不敢随便乱花，先给孩子存笔钱，给她日后上大学用。'"4 也许，路遥已有某种预感，他的"中年"许是他的"晚年"了。

"在我的创作生活中，几乎没有真正的早晨。我的早晨都是从中午开始的。这是多年养成的习惯。"这是路遥在《早晨从中午开始》中的第一句话。路遥通常要创作到深夜两三点,甚至四五点后才搁笔入睡,"天亮以后才睡觉的现象也时有发生"。第二天午饭前起床,象征性的一杯浓咖啡以后,他的早晨才真正开始。路遥坦言,"当生命进入正午的时候,工作却要求我像早晨的太阳一般充满青春的朝气投身于其间"[5]。《早晨从中午开始》是路遥完全在西安创作的一部作品,在整个过程中,路遥的早晨都是从这样的中午开始的。午饭以后,立刻又投入到写作当中。他很不理解人们为什么要午休,他把午休理解成像自己一样"积习难改"的一种"积习"。而恰恰是《早晨从中午开始》这部作品让路遥重温了自己人生的许多片段,有难忘的初恋女友,也有自己最疼爱的女儿,还有那些影响过他的人……

路遥一步步从陕北社会底层乡村努力奋争,成了县城的临时工、延安大学的学生,最后成为在省城作协大院工作的城里人。但是,起初的城里人,并不能满足他的精神追求,他要灵魂深处的脱胎换骨。于是,在最初选择婚姻时,找了从北京来陕北插队的知青做自己的妻子。他想让作为城里人的妻子加速他的蜕变。路遥在创作《人生》期间,在现实同步上演着他为弟弟王天乐"走后门"安排工作的故事,而王天乐也最终成功地跳出了"农门",先是到煤矿当工人,之后又在省城的报社里当上了记者。而对于《平凡的世界》这个不尽合理的结尾来说,它既不现实,也不理想,恰好反映出作者路遥精神世界中的现实主义精神与理想主义精神的矛盾。

早期,路遥在生活的陕北城乡地带留下过辛酸、迷惘以及欢乐和奋斗的足迹。他在致文学评论家阎纲的一封信中写道:"你知道,我是一个地道的农民的儿子,一直是在农村长大的,又从那里出来,先到小城市,然后又到大城市参加了工作。农村可以说是基本熟悉的,城市我正在努力熟悉着。相比而言,我最熟悉的却是农村和城市的'交叉地带',因为我曾长时间生活在这个天地里,现在也经常'往返'于其间。"[6] 他还曾深有感触地说:"我自己感到,由于城乡交往逐渐频繁,相互渗透日趋广泛,加之农村有文化的人越来越多,这中间所发生的生活现象和矛盾冲突,越来越具有重要的社会意义。……在这座生活的'立体交叉桥'上,充满了无数戏剧性的矛盾。"[7] 事实上,"城乡交叉地带"确实是当代中国各种生活矛盾最为集中、冲突最为激烈的场域之一。

回望路遥最为著名的《人生》和《平凡的世界》这两部小说,我们能够明显看到高加林和孙少平这两个农村青年都向往城市、憧憬城里人的生活,想走出农村,并擦除掉命运在他们身上镌刻的乡土印记。路遥在《平凡的世界》中,借用孙少平之口道出:"我迟早要扒火车去外面的世界。"不管是高加林,还是孙少安、孙少平,路遥对这些人物都抱以兄弟般的理解与宽容，真正写出了"城乡空间"的灵魂。

事实上，路遥也认为自己就属于徘徊于陕北和古都西安的"两栖人"："我较熟悉身上既带着'农村味'又带着'城市味'的人，以及在有些方面和这样的人有联系的城里人和乡里人。这是我本身的生活经历和现实状况所决定的。我本人就属于这样的人。"[8]

作为一名城乡之间的"两栖人"，他的作品几乎都是书写城乡交叉地带人的生活，可以说，"城乡交叉地带"是他瞭望社会与人生的一个重要窗口。他作品中的主要人物，大多是像他一样出身于农村的文化青年。他们在乡村中带有精神上的优越感，但在城市中又有一种压抑和自卑感。这些路遥所钟爱的人物身上，或多或少都带有自己的影子，对他们路遥有着深切的"理解式"的同情。他在1980年写给好友曹谷溪的信中说道，"国家现在对农民的政策明显有严重的两重性，在经济上扶助，在文化上抑制"，这就造成了"大量有文化的人将限制在土地上，这是不平衡中的最大不平衡"。[9]

现实中，路遥如他作品中的人物一样，处于"城乡交叉地带"的边缘。去北京领茅盾文学奖时，路遥仅带了一个帆布挎包，穿着也十分朴素，就像一个去赶集的乡下农民。在创作《平凡的世界》的过程中，为了了解书中孙兰香和金秀的大学生活，短时间内熟悉西安的大学生活，路遥专程去了西安市友谊西路127号的西北工业大学，熟悉大学里的课堂学习、生活起居、课程安排、场所方位、全天的活动等。同时，他还和师生交流思想，了解学生的家庭、理想、恋爱以及对现实和未来的看法，最后将所有搜集到的材料汇总并装入"大学情况"材料袋。正如路遥所说："归根结底，作家不能深刻理解生活，就不可能深刻地表现生活。对于作家来说，有生活，这还不够，必须是深刻理解了这些生活才行，只有这样，才可能在大量多重的、交错复杂的人物关系中伸缩自如，才可能对作品所要求的主题有着深邃的认识和理解，然后才可能进行艺术概括——当然，这个过程更加繁难，否则，尽管你对生活有了一定的理解和认识，也仍然可能制造出赤裸裸的新闻性质的所谓作品来；这样的作品和作品中的人物，即使最及时地反映了当前的政治和政策，也只能像马克思在责备拉萨尔的悲剧时所说的：'席勒式地把个人变成时代精神的单纯的传声筒。'"[10]

"只要没有倒下，就应该继续出发。"《早晨从中午开始》记录了路遥创作《平凡的世界》的全过程。喝咖啡，要算是路遥的一个城市爱好。在他看来，即便是从中午起床，只要喝上一杯浓咖啡，就足以证明自己同别人一样拥有一个真正的早晨，也更像城市人一样地生活。

路遥的农村和城市的"交叉地带"是专属于他的精神故

乡。不管自己是身在陕北乡下，还是在西安市建国路的作协大院，中国当代"交叉地带"的矛盾冲突都是繁复的，它对路遥具有经久不衰的吸引力。路遥紧跟着时代的变化，敏锐地捕捉到了社会巨变的气息，将城乡关系的动态化历史过程以文学的方式生动表达出来，使之成为当代中国社会发展中一道独特的风景，也正如他所深深感叹的，"它们包含的社会意义又是多么重大"[11]。

告别"人生"

路遥在获得茅盾文学奖后不久，曾向朋友张晓光求助："我实在穷得可怕，你认识那么多企业家，能不能帮我找一个经理厂长，我给人家写篇报告文学，给我挣几个钱。你知道，《平凡的世界》那点稿费，还不够我这几年抽烟的钱。茅盾文学奖的奖金除了应酬文学界的朋友，就是还债。我不怕你笑话，给女儿买钢琴，我还是借的钱。"张晓光问他写一篇报告文学要多少钱，路遥伸出五根手指："五千吧！这是我第一次卖自己的名字给别人……"[12]

据路遥陕北同乡张子良回忆："突然有人拿了《路遥文集》的封面草稿给我看，我脱口就说，此事欠妥，说完之后很后悔。没过几天，路遥托人到我家，避开家人对我说，路遥知道你对出文集的看法了,专门让我给你传话:他知道此事为时过早,但他实在没钱用了,只能勉强为之,请我不要再对别人说什么看法。来人走了,我的心绪久久不能平静。我不知道该怎样评说自己,也不知道该怎样评说路遥,只觉得我们都太可怜!后来又听说,路遥腹泻不止,却借了钱,大兴土木,装修房子。我就有些怨他。长期的疲劳,应该调整一下了,何必拖个病身子装修房子呢!……终于,他给了我口信。口信说,他要完蛋了,必须先走。希望我能随后就走。我知道他要先走的原委。他在家里是得不到休息和安宁的。几乎所有的人都是外边累了,回家去养息,而路遥却总是累之后,到外面找个有朋友的地方调整自己……"[13]

1992年8月6日,路遥因出版自己的文集,乘火车赶赴延安去母校延安大学筹集经费。从西安到延安9个多小时的长途旅行,路遥一路一直躺在卧铺上,连水也没喝一口。到延安火车站后,他被人抬下车,随后被送往延安地区人民医院。医院的检查结果是:肝硬化腹水,还有黄疸病。之后,路遥开始在延安地区人民医院接受治疗。

8月11日,老朋友张子良、张弢赶到延安看望路遥。其间,路遥自言自语地说:"太阳很毒,土地很烫。我一个人赤脚光背向山顶攀登。我看得很清楚,太阳白花花地模糊成一堆儿,就稳搁在山尖上,这不合情理!我得看个究竟,给人们说个明白。或许这就是未来世纪的一个谜底。我,得天独厚,很幸运地发现了!我一步步地逼过去,可是不知为什么,这中间的距离老是这么长——我住了脚,回过头来,想喊叫,但绝不是呼求援助。就在这时候,我才知道,我身后的世界竟是这么辽阔,这么辉煌:远远近近的山们,挨挨挤挤如潮水,似浪涛,一直涌向天际,同时,也从天际涌到我的跟前,我就悠悠地浮起来……"[14]

张子良、张弢和路遥一样,都是在陕北农村长大的。路遥口中所描述的情景,他们自然是理解的。或许在某个时刻,他们都曾有过同样的体验,但是被路遥这样呓语一样地说出来,竟让几人慌张起来。他们死死盯着路遥,见他的气色很好,神情也很自然,一时间抽紧的心才略微放松了些。路遥对他们的紧张反应根本置之不理,好像这个世界只有自己一般,在些略停顿、喘息后,又开始描述:

不对,不对。起风了,灰尘像烟雾一样腾起来了。起云了,完全是黑色的云。太阳被挤小了,像一球浮动的火。光线从云里、雾里穿出来,利剑一样明亮、锋利。然而,太短暂,世界全黑了。我举手招摇,奔跑,呐喊,全然没有反应。我是云的一部分了,我是雾的一部分了,我是土地、太阳,我是自然的一块了。我觉得我在长大,顶天立地![15]

张子良回忆，他看着路遥的样子，很紧张，想唤回他，一时却想不出词儿来。"暴雨来了。他大叫。天和地都在吼叫，都在颤抖。天地之间人为大。唯我自己，沉默不语，安如泰山！"这时，张子良脱口呼喊："路遥，你错了！天地之间人为小！这种时候，人是什么？是草木，是虫蚁，或者立地生根，脚踏实地，或者蜷曲苟且，避危就安！你得赶快回到人群中来，或者就近找个地方躲一躲！"[16]而此时的路遥白了一眼张子良，对他说的不置可否。

9月5日，路遥返回西安住进位于长乐西路的西京医院[17]传染科七号病房。七号病房是当时传染科唯一一个外宾病房。病房位于西京医院的东边，一排坐南朝北的平房，门前有一片绿化带。

七号病房是西京医院传染科当时最受重视的病房。医院为路遥配备了传染科最强的医护人员。对肝炎、肝硬化治疗有丰富经验的已退休的西北传染病专家、老主任阎荣教授作为路遥的上级医生，段满堂教授为主治医生，正在读研的康文臻医生是主管路遥的住院医生。据当时的医生回忆，路遥从延安到西京医院的当天晚上，他的肚子胀得高高的，脸黄得发亮，滴水不入，经常昏迷。刚到医院时，他还清醒，医生问路遥病情，他讲了，但是思路混乱，讲不清楚。当时的传染科护士长魏兰娉后来回忆："护理组也安排了技术最好、责任心最强、具有丰富临床护理经验的护士给路遥当责任护士。大家把对路遥的崇敬全部投到了对他的救治中。"[18]

此种情景，正如路遥在1982年追忆病中柳青时所写："此刻，他正蜷曲在西安陆军医院（西京医院旧称——引者注）内科二楼一间普通病房里，时不时就喘成了一团。体重肯定已经不到一百斤了，从袖筒里和裤管里伸出来的胳膊腿，像麻秆一般纤细。探访他的人看见他住在这么简陋狭窄的病房里，都先忍不住会想：这样一个有成就、有影响的作家，又害着如此严重而危急的气管炎和肺心病，再不能得到条件更好的治疗环境吗？"[19]

时隔14年，路遥也住进了柳青曾经住过的医院。他们先后为路遥组织了七次院内会诊，还邀请中医科、消化内科等有关科室的专家教授，汇集多方的智慧和经验，以严谨科学的态度，使用最好的药物，试图向死神发起一场艰苦的争夺战。

护士长魏兰娉说："初见路遥，典型的肝病面容：灰黑的脸色，黄染的巩膜，紫红色的肝掌。他用低沉的陕北口音、憔悴低迷的神情和我做了第一次交流，看上去比照片明显要瘦些。那个与命运抗争、与苦难搏斗的'少平'，那个对贫困有着深切认识、对生活有着深邃理解、对精神世界有着执着追求的路遥，和面前这位病人丝毫搭不上调儿。"[20]

之后，因胞弟王天笑（九娃）的到来，路遥从外宾病房搬到了紧邻的5、6床病房，病床的边上有一个小小的床头柜，紧挨着的是陪护人的床，这是传染科对路遥开的特例，允许陪护人陪伴。

住院医生康文臻担负起了路遥的治疗工作和住院期间的生活重任。在路遥住院的那段日子里，康医生是接触路遥最多的医生，她不仅要负责路遥的治疗工作，还要忙自己的研究生实验课题，同时经常给路遥带各种各样的饭菜。路遥在西京医院传染科住院的3个月时间里，康医生几乎天天如此，不曾间断。路遥在康医生的关怀中，看到了刘巧珍的影子。对路遥来说，康医生就是他人生中遇到的最好的一个姑娘："我住在传染科，她是我的主管医生，非常负责任。不仅想方设法要治好我的病，而且她每天晚上都给我病房里送面条，她人又那么年轻，我听说她才二十六岁，还是一个了不起的研究生，非常聪明能干，对我照顾得无微不至。我感觉她就像是我的一个亲妹妹一样，有时候甚至比我的亲妹妹都体贴。"[21]

经过一段时间的治疗，路遥的病情一度得到很好的控制，他的脸上渐渐露出了笑容，还拿出几套《平凡的世界》认认真真地签上名字，分别写上不同的话语送给阎主任、康医生……他给护理组的签名是"愿生命之树常青"。

李天芳回忆:"那是个星期天,探视他的人特别多,我不敢让他多说话,待旁人一个个都走后,赶快把带来的股票交给他,并将各种事宜一一交待清楚。他坐着一张张看过,面露喜色。我趁机给他打劲说:'你快点好起来,好了可以去炒股。当年马克思也炒过股,赚了一笔英镑呢!'我原是要将股票如数交到他手里,他看了看,却执意要我再拿回来替他保存。离开医院时,我问他想吃什么,好做了给他送来。我知道医院的饭不一定合他胃口,大伙送来的饼干罐头之类,也引不起他的兴趣。果然他想想说:'油腻的一点也吃不下,我只想吃又酸又辣的红萝卜丝菜……'接下去叮咛我萝卜丝要切得细细的,辣椒角要那种顶辣的,醋要放得多多的——这正是他的家乡父老喝小米黑豆钱钱饭时,最喜欢的佐菜。"[22]

几天后,李天芳还听陪护人员说,她带去的酸辣萝卜丝菜,路遥吃得很香;他还对探视他的人说:"现在是有股票的人啦,买了某某公司的股票……"[23]但在护士长魏兰娉看来,路遥既敏感,又脆弱,他把对生命的希望完全托付给了他信任的阎主任与康医生。路遥在心里视两位医生为他的保护神,是挽救他生命的天使,是妙手回春的再世华佗。只要有一天见不到这两位医生,路遥就会变得急躁、惶恐、不踏实。此时的路遥已完全离不开阎主任与康医生的"庇护"了。"阎主任因写书的事要和所有的作者一起到北京开会，康医生还是正在上学的研究生，按教学进度得去做课题。尽管科里给他安排了其他医术与责任心都没的说的医生，但路遥表现得有点过激与不可思议，他的情绪一下子跌到了万丈深渊，整天默默无语、消极。没几天，病情就急转直下，各项化验指标，像洪水决堤般朝恶化的方向奔涌。谁也没想到这一天会来得这么快。家庭变故、作协人事关系错综复杂，以及路遥对医生个人的过分迷信，诸如此类因素，都可能是压死他的最后一根稻草，这一切都加速了他肝脏的衰竭，大家不管如何努力，都回天乏术了。"[24]

11月17日凌晨4点，弟弟王天笑给路遥揉肚子，感觉不对，果然，肚子里面全是血。凌晨5点，路遥开始昏迷，弟弟王天笑开始找大夫抢救，主任、主管医生、值班医生、护士们一同奔到他的病房，拉开急救车，开始插氧气抢救。路遥在病床上痛苦地抽搐和呻吟，缩成一团，临终前给守候在身边的弟弟九娃（王天笑）说："爸爸妈妈可重要哩……爸爸妈妈可亲哩。"这是他对人生的眷恋，是对生命最后的遗言。

8点20分，路遥的心脏停止了跳动。医生不甘心，仍然不放弃一丝希望，想尽一切办法抢救路遥，想让路遥的心脏重新跳动起来。就这样，抢救持续了70多分钟。9点35分，医生宣布：路遥死亡。

路遥如他喜欢的凡·高一样，一生不愿与现实妥协，饱受折磨，饱受肉体与灵魂的无尽的焦灼之苦。即使这一生走得无法从容，即使在生命最后的日子里，他始终燃烧着最惊人的火花。

路遥，这个生活在黄土地上的农民的儿子，带着青春的激情、痛苦和对文学的幻想，从穷苦的陕北高原走到了古都西安，带着心中那团抑制不住的火。他体验了"在困难的日子里"的艰难生活，走出了顽强不屈的"人生"，在"平凡的世界"里，让我们看到了他的——"早晨从中午开始"，一条充满艰辛的生活与不平凡的创作之路。他与柳青一样，留给我们的不仅仅是耳熟能详的文学作品和人生故事，更有他们那种坚守人生信念、永不随波逐流的风骨与精神！

路遥用殉道者的方式告诉我们："人生最大的幸福也许在于创作过程，而不在于那个结果。"身处劣境却不断挑战苦难、自强奋斗，最美奋斗者，实至名归，这是路遥留给我们的精神遗产——路遥的人格魅力与其作品中所体现出的时代精神——给予所有的平凡人物以勇气和光亮，并让他们知道自己能够走多远。路遥用生命点燃自己的时候，也为后世人点燃了前进的火苗，他的一生为我们所展示的，也正是这样一种精神追求。

11月20日，天气阴沉，西安三兆公墓涌动着两千多人为作家路遥送别。好友海波说:"路遥的追悼会开得相当隆重,隆重的程度为陕西已故文人葬礼之最。上到省府要人,下到平民百姓,好多人都来为他送行。当众人依地位高下为序一排一排地在这位文坛巨匠的遗体前鞠躬致意的时候,他的亲生父亲和同胞兄弟姐妹却在人群里张皇无措。他们悲痛欲绝,却找不到一个表达悲痛的合适地方,只能围成一圈,相对饮泣。"[25]

作家陈忠实在追悼会现场致悼词:

就生命的历程而言,路遥是短暂的;就生命的质量而言,路遥是辉煌的。能在如此短暂的生命历程中创造出如此辉煌如此有声有色的生命的高质量,路遥是无愧于他的整个人生的,无愧于哺育他的土地和人民的。[26]

而海波这时始终和路遥的家人在一起,正扶着悲痛得站也站不稳当的三弟(王天云),甚至向路遥的遗体做最后的告别也是草草而过。

从生命停止走向葬礼结束,从物理意义上说,路遥的生命已经结束了,他终于走完了自己无法从容的一生,完成了社会意义上的道别。但对于路遥的精神生命来说,他创作了不朽的作品,他的精神生命在人世间扎下了根,开出了花,结出了果。

1993年1月，5卷本《路遥文集》由陕西人民出版社出版发行。一年前的春天，路遥在编完这套文集后在"后记"中这样写道：

这五卷文集可以说是我四十岁之前文学活动的一个基本总结。其间包含着青春的激情、痛苦和失误，包含着劳动的汗水、人生的辛酸和对这个冷暖世界的复杂体验。更重要的是，它也包含了我对生活从未淡薄的挚爱与深情。至此，我也就可以对我的青年时代投去最后一瞥，从而和它永远告别了。[27]

注释：

1. ［美］露丝·本尼迪克特：《文化模式》，张燕、傅铿译，浙江人民出版社1987年版，第2页。

2. 王天乐：《父亲·姐姐·路遥》，转引自程文：《泪血和墨 兄弟情深——评路遥四弟王天乐遗作兼论路遥兄弟关系》，《名作欣赏》2021年第31期。

3. 航宇：《路遥的时间》，人民文学出版社2019年版，第114、119页。

4. 李天芳:《财富——献给路遥》,李建军编:《路遥十五年祭》,新世界出版社2007年版,第138页。

5. 路遥:《早晨从中午开始》,《路遥全集 散文卷:早晨从中午开始》,北京十月文艺出版社2019年版,第340、341页。

6. 路遥:《820821致阎纲》,《路遥全集 剧本·诗歌·书信卷:人生》,北京十月文艺出版社2019年版,第204页。

7. 路遥:《面对着新年的生活——致〈中篇小说选刊〉》,《路遥全集 散文卷:早晨从中午开始》,北京十月文艺出版社2019年版,第105页。

8. 路遥:《820821致阎纲》,《路遥全集 剧本·诗歌·书信卷:人生》,北京十月文艺出版社2019年版,第204页。

9. 梁向阳:《新近发现的路遥1980年前后致谷溪的六封信》,《新文学史料》2013年第3期。

10. 路遥:《820821致阎纲》,《路遥全集 剧本·诗歌·书信卷:人生》,北京十月文艺出版社2019年版,第205页。

11. 路遥:《820821致阎纲》,《路遥全集 剧本·诗歌·书信卷:人生》,北京十月文艺出版社2019年版,第203页。

12. 葛维樱:《回望路遥》,《三联生活周刊》2015年第16期。

13. 张子良:《斯人去矣 光彩依然》,申晓主编:《守望路遥》,太白文艺出版社2007年版,第108—109页。

14. 张子良:《斯人去矣 光彩依然》,申晓主编:《守望路遥》,太白文艺出版社2007年版,第111页。

15. 张子良:《斯人去矣 光彩依然》,申晓主编:《守望路遥》,太白文艺出版社2007年版,第111页。

16. 张子良:《斯人去矣　光彩依然》,申晓主编:《守望路遥》,太白文艺出版社2007年版,第111页。

17. 西京医院的前身是延安时期的中央医院,1954年改建成第四军医大学第一附属医院,1984年对外始称"西京医院"。这家医院不仅是陕西省,也是全国著名的学科专业齐全、医疗技术精湛、师资力量雄厚、科研实力强劲的融医疗、教学、科研为一体的大型现代化综合性医院。

18. 魏兰娉:《路遥最后的时光》,《南方人物周刊》2015年第9期。

19. 路遥:《病危中的柳青》,《路遥全集　散文卷:早晨从中午开始》,北京十月文艺出版社2019年版,第81页。

20. 魏兰娉:《路遥最后的时光》,《南方人物周刊》2015年第9期。

21. 航宇:《路遥的时间》,人民文学出版社2019年版,第367页。

22. 李天芳:《财富——献给路遥》,李建军编:《路遥十五年祭》,新世界出版社2007年版,第140页。

23. 李天芳:《财富——献给路遥》,李建军编:《路遥十五年祭》,新世界出版社2007年版,第140页。

24. 魏兰娉:《路遥最后的时光》,《南方人物周刊》2015年第9期。

25. 海波:《人生路遥》,广东人民出版社2019年版,第105页。

26. 陈忠实:《悼路遥》,《小说评论》1993年第1期。

27. 路遥:《〈路遥文集〉后记》,《路遥全集　散文卷:早晨从中午开始》,北京十月文艺出版社2019年版,第429页。

附录

路遥生平简谱

1949 年,出生

12 月 2 日,出生于陕西省清涧县王家堡村。小名"卫"。

1953 年,4 岁

爷爷王再朝去世。

1954 年,5 岁

在家帮父母干活。

是年,砍柴时不慎跌落山崖,险些丧命。

1955 年,6 岁

奶奶搬离王家堡村,到延川县城关乡郭家沟村与大伯父王玉德一家共同生活。

1956年，7岁

春，就读小学。不久后，迫于家计而辍学，在家帮父母干活。

1957年，8岁

初冬，随父亲来到延川县大伯父王玉德家，过继给大伯父。

1958年，9岁

春，在延川县马家店小学读初小。

1959年，10岁

在马家店小学上学。

1960年，11岁

在马家店小学上学。

1961年，12岁

8月，进入延川县城关小学高小五年级就读，开始"半灶生"的求学生活。

1962 年，13 岁

秋，入读延川县城关小学高小六年级。结识五年级同学李世旺（即海波）。

1963 年，14 岁

7月，自延川县城关小学高小毕业。同时以全县第二名的成绩考取延川中学。

夏，自过继伯父后第一次回到清涧县王家堡村老家。

9月，进入延川中学初中 1966 级乙班就读。

1964 年，15 岁

秋，进入延川中学初中二年级学习。

1965 年，16 岁

秋，进入延川中学初中三年级学习。

是年，奶奶在延川县伯父家病逝。

1966 年，17 岁

夏，延川中学初中毕业，并以优异成绩考取陕西石油化工学校。但因国家政策变化，未能入学。

10月，随延川县红卫兵赴北京串联。

11月初，到北京。11月10日下午，与同学一起在天安门广场接受毛泽东检阅。

12月，任延川中学初中1966级乙班红卫兵组织"井冈山战斗队"队长。

1967年，18岁

担任延川中学红卫兵组织"红四野""军长"。其间，阻止安塞县造反派等批斗延川县委副书记。

1968年，19岁

9月，作为群众代表，被推任延川县革命委员会副主任。

冬，作为返乡知识青年，回到延川县城关公社刘家圪崂大队郭家沟村伯父家中，在家务农，同时被编入刘家圪崂大队农田基建队，从事打坝劳动。

1969年，20岁

春，进入延川县城关公社马家店小学担任民办教师。

11月，加入中国共产党。

是年，创作的诗歌《我老汉走着就想跑》由曹谷溪抄写在新胜古大队黑板报上。

1970年，21岁

3月，被借调到延川县城关公社"贫下中农毛泽东思想宣传队"，进驻延川县百货公司进行路线教育，北京女知青林红与路遥一同进驻百货公司工作。其间，两人确定恋爱关系。

是年底，进入延川县文教局成立的"延川县业余毛泽东思想宣传队"，从事文艺创作与宣传工作。

是年冬，诗歌《车过南京桥》在《革命文化》发表，正式署名"路遥"。这首诗歌后被陕西省工农兵艺术馆《群众艺术》杂志转载。

1971年，22岁

夏，在曹谷溪的帮助下，进入延川县"毛泽东思想文艺宣传队"，从事文艺创作并协助曹谷溪、白军民等人编辑诗集《工农兵定弦我唱歌》(后来改名《延安山花》)。其间，结识延川县革委会通讯组干事、北京知青林达。

是年，先后在《延安通讯》发表诗歌《我老汉走着就想跑》《塞上柳》，后被《延安山花》收录。

1972年，23岁

1月，与林达回郭家沟看望大伯一家，两人正式确定恋爱关系。

是年，与曹谷溪、白军民、闻频、陶正等人组建延川县工农兵文艺创作组，共同编辑《工农兵定弦我唱歌——延川县工农兵业余作者诗选》，以"延川县革命委员会创作组选编"署名、延川县革命委员会政工组的名义内部发行，共收52首诗歌。该诗集后被陕西人民出版社更名为《延安山花》正式出版发行，共收录诗歌41首，其中路遥创作的诗歌6首。

1973年，24岁

9月，被延安大学中文系录取，进入中文系1973级学习。

11月，由于出色的创作才华，受到《人民日报》点名表彰。

是年，发表诗歌《老锻工》、短篇小说《基石》等。

1974年，25岁

春，在西安陕西文艺杂志社做见习编辑。

1975年，26岁

1月，回延安大学中文系学习。

11月,在西安参加由陕西文艺杂志社召开的陕西省短篇小说创作座谈会。参加此次座谈会的还有青年作家陈忠实、贾平凹、邹志安、京夫、王蓬等。

1976年,27岁
8月,延安大学毕业并被分配至《陕西文艺》编辑部,担任编辑。

1977年,28岁
7月,《陕西文艺》恢复原名《延河》,担任编辑部编辑。

1978年,29岁
1月,与林达在延川结婚。

6月,作家柳青在北京病逝。北京、西安两地分别举行追悼会,路遥在西安参加追悼会。

是年,在《延河》编辑部担任编辑。

1979年,30岁
11月,女儿路远出生。

1980年，31岁

5月，应《当代》编辑部邀请，赴北京修改中篇小说《惊心动魄的一幕》。其间，受到当代杂志社主编秦兆阳的热情指导。后，中篇小说《惊心动魄的一幕》在《当代》1980年第3期发表。

7月，赴陕西省宝鸡市太白县参加农村题材短篇小说创作座谈会。是月，参加中国作家协会西安分会召开的农村题材创作漫谈会。

1981年，32岁

5月，中篇小说《惊心动魄的一幕》获全国首届优秀中篇小说奖二等奖，后又获1979—1981年度《当代》文学荣誉奖和1981年《文艺报》中篇小说奖。

夏秋之际，完成中篇小说《人生》初稿。

冬，应中国青年出版社副总编辑王维玲邀请，赴北京修改中篇小说《人生》。

1982年，33岁

6月，中篇小说《人生》在《收获》1982年第3期发表，随后引起巨大反响。

9月，中篇小说《在困难的日子里——一九六一年纪事》

在《当代》1982年第5期发表。

1983年，34岁

3月，中篇小说《人生》获《当代》中篇小说奖、全国第二届优秀中篇小说奖。

8月，调离《延河》编辑部，成为中国作家协会西安分会专业作家，开始从事专业创作。其间，开始构思长篇小说《平凡的世界》的写作。

是年，西安电影制片厂导演吴天明同筹拍电影《人生》，担任该片的编剧。在电影剧本《人生》的创作过程中，与西影厂著名编剧张子良合作，张子良对剧本《人生》进行了精心修改。

1984年，35岁

9月，路遥改编、吴天明导演、西安电影制片厂拍摄的故事片《人生》在全国公映，引起社会各界热烈讨论。

9月，陕西省第一届文艺创作开拓奖在西安举行颁奖大会。中篇小说《人生》获陕西省文联颁发的"陕西文艺创作开拓奖"一等奖。

开始《平凡的世界》写作前的准备工作。

是年，马慧改编、高廷智与张省莉绘的连环画《人生》

由陕西人民美术出版社出版发行，上海青年话剧团改编自《人生》的同名话剧公演，中央人民广播电台录制的同名广播剧《人生》播出。

1985年，36岁

4月，被任命为中国作协陕西分会党组成员，当选为中国作协陕西分会副主席。

9月，《路遥小说选》由青海人民出版社出版发行。

秋，到铜川陈家山煤矿开始写作《平凡的世界》。

年底，完成了《平凡的世界》第一部的初稿。

1986年，37岁

11月，《平凡的世界》第一部发表于《花城》1986年第6期。

冬，完成《平凡的世界》第二部初稿。

12月，《平凡的世界》第一部单行本由中国文联出版公司出版发行。

12月29日至30日，出席由《花城》与《小说评论》编辑部联合组织召开的《平凡的世界》第一部座谈会。会上，评论家蔡葵、朱寨、曾镇南给予路遥的创作充分肯定，但大多数评论家对路遥的创作持质疑和批评态度。

1987 年, 38 岁

3月2日至23日, 随中国作家访问团出访联邦德国。

夏, 完成《平凡的世界》第二部第二稿。

12月, 中共陕西省委、陕西省人民政府授予"陕西省劳动模范"称号。

是年, 查出肝病, 身体每况愈下。

1988 年, 39 岁

1月, 完成《平凡的世界》第三部第一稿。

3月, 中央人民广播电台开始连播长篇小说《平凡的世界》第一部。

4月, 长篇小说《平凡的世界》第二部由中国文联出版公司出版发行。

5月, 在陕北甘泉县完成《平凡的世界》第三部第三稿。

7月, 长篇小说《平凡的世界》第三部在《黄河》1988年第3期发表。

是年, 162集广播剧《平凡的世界》播出, 引起巨大反响。

1989 年, 40 岁

1月, 在西安写作《业务自传》《个人小结》《本人对目前专业设想建议》。

3月，由中国电视剧制作中心摄制的14集电视连续剧《平凡的世界》(新中国成立40周年重点献礼剧目)在延安开拍。

10月，《平凡的世界》第三部由中国文联出版公司出版发行。

是年，孙为民、聂欧绘的连环画《人生》由中国连环画出版社出版发行。

1990年，41岁

4月，由长篇小说《平凡的世界》改编的同名电视剧开始在中央电视台播出。

7月，职称调整为创作一级（正高职称），工资标准调整为艺术一级10档，从176元调整到197元。

1991年，42岁

3月10日，《人民日报》刊发茅盾文学奖获奖作品消息，长篇小说《平凡的世界》名列榜首。

3月29日，参加在北京人民大会堂举行的茅盾文学奖颁奖大会并发表获奖致辞。

本年冬至1992年春，写作《早晨从中午开始》。

1992 年，43 岁，病逝

春，开始编选五卷本《路遥文集》，并完成《〈路遥文集〉后记》。

8月，从西安乘火车到延安，下火车后直接住进延安地区人民医院。

9月，从延安乘火车返回西安接受治疗。

11月17日，在西安西京医院病逝。

是年，《早晨从中午开始》由西北大学出版社出版发行。

1993 年

1月，《路遥文集》由陕西人民出版社出版发行。

1995 年

1月，张春生改编、李志武绘的连环画《平凡的世界》由陕西师范大学出版社出版发行。该书于2002年、2016年分别由人民美术出版社、北京十月文艺出版社再次出版发行。

12月，《路遥文集》（上下册）由陕西人民出版社出版发行。

2000 年

9月，《路遥全集》由广州出版社和太白文艺出版社联合出版发行。

2004 年

孙为民、聂欧绘的连环画《人生》由人民美术出版社出版发行，2008 年再版。

2005 年

5 月，《路遥全集》（5 卷本）由人民文学出版社出版。

2007 年

11 月 17 日，延安大学举办了"路遥逝世十五周年纪念暨全国路遥学术研讨会"，同日路遥文学馆在延安大学揭牌并正式对外开放。

2008 年

4 月，由陕西荣禾文化传媒有限公司吴建荣先生投资拍摄的人物纪录片《路遥》召开新闻发布会。

2009 年

北京十月文艺出版社推出《平凡的世界》《人生》，一年销量均达 10 万多套（册）。

2010 年

北京十月文艺出版社又推出了六卷本的《路遥全集》,分别是中短篇小说集《人生》《一生中最高兴的一天》,散文、剧本、诗歌合集《早晨从中午开始》,长篇小说《平凡的世界》(三卷本)。

11月,纪录片《路遥》在凤凰卫视播出。

2011 年

傅博创作的电影文学剧本《路遥》发表于《电影文学》2011年第18期。

12月3日,路遥纪念馆在清涧县王家堡村开馆。

2012 年

12月1日,由中国当代文学研究会、鲁迅文学院和《收藏界》杂志等单位主办的"中国文学回望与思考——纪念路遥逝世20周年座谈会"在北京中国现代馆举行。

2013 年

3月,张艳茜专著《平凡世界里的路遥》由陕西人民出版社出版发行。

2014 年

2月,海波专著《我所认识的路遥》由长江文艺出版社出版发行。

3月,王刚编著的《路遥纪事》由北京时代华文书局出版发行。

2015 年

1月,厚夫专著《路遥传》由人民文学出版社出版发行。

2016 年

1月,由段建军主编的《路遥研究集》由西北大学出版社出版发行。

2017 年

11月17日由延安大学、陕西作协、中共延川县委、延川县人民政府和延安市文学艺术界联合主办的"纪念路遥逝世25周年学术研讨会"在延安大学举办,来自全国各地的60余名专家学者共同缅怀路遥。

2018 年

7月,杨晓帆专著《路遥论》由作家出版社出版发行。

12月18日,庆祝改革开放40周年大会在人民大会堂举行。中共中央、国务院授予全国 100 名杰出人物改革先锋称号，颁授改革先锋奖章，以表彰他们在改革开放 40 年中所做出的贡献，作家路遥入选。路遥被誉为："鼓舞亿万农村青年投身改革开放的优秀作家。"

2019 年

7 月，航宇专著《路遥的时间：见证路遥最后的日子》由人民文学出版社出版发行。海波专著《人生路遥》由广东人民出版社出版发行。

10 月 22 日，由中国社科院文学研究所、陕西省作家协会、人民文学出版社联合主办的"卅年重聚说路遥——纪念路遥诞辰七十周年"座谈会在中国社会科学院文学所第一会议室召开。

11 月 30 日，由延安大学、新华出版社、中共延安市委、延安市人民政府和陕西省作家协会主办，延安大学承办的"纪念路遥诞辰 70 周年暨《路遥与延安大学》首发座谈会"在延安大学举行。

9 月 25 日，"最美奋斗者"表彰大会在北京召开。278 名个人、22 个集体被授予"最美奋斗者"荣誉称号。路遥等文艺界 14 人、1 个集体被授予"最美奋斗者"荣誉称号。

12 月 1 日，北京十月文艺出版社推出典藏版《路遥全集》。典藏版采用了编年体例,以体裁分卷,共计6种8册200余万字,囊括路遥20余年创作生涯,收录其小说23部、散文62篇、戏剧2种、诗歌14首、书信56封,增加了此前未被收录的篇目、书信等。

12月,赵学勇专著《生命从中午消失——路遥的小说世界》(增订本)由陕西师范大学出版总社出版发行。

2020年

12月,王刚专著《我渴望投入沉重:路遥年谱》由天津人民出版社出版发行。

2021年

1月,孙萍萍、詹歆睿合著的《路遥小说的传播和接受》由中国社会科学出版社出版发行。

4月,申沛昌、张春生、厚夫、袁广斌合著的《路遥的大学时代》由新华出版社出版发行。

2022年

10月,晓雷专著《路遥别传》由陕西人民出版社出版发行。

11月,李建军专著《路遥的哈姆雷特与莎士比亚》由广东高等教育出版社出版发行。

12月,申沛昌、厚夫、袁广斌三人合著的《路遥画传》由新华出版社出版。

2023年

1月,王兆胜专著《路遥:黄土地里"长"出来的作家》由接力出版社出版发行。

3月20日,根据路遥小说改编的电视剧《人生之路》在中央电视台一套开播。

12月,尚飞鹏专著《复活的路遥》由阳光出版社出版发行。